»MILITÄRFAHRZEUGE« BAND 1
KAMPFPANZER LEOPARD

Band 1 der Reihe »Militärfahrzeuge«

WALTER J. SPIELBERGER

DER MITTLERE KAMPFPANZER LEOPARD

UND SEINE ABARTEN

Maßstabskizzen: Hilary L. Doyle
Farbillustrationen: Uwe Feist

Motorbuch Verlag Stuttgart

Einband und Schutzumschlag: Siegfried Horn.

Fotoquellen: Bundesarchiv/Militärarchiv (1), Daimler-Benz AG, Archiv (9), Hilary Doyle Collection (6), Archiv Uwe Feist (1), Robert J. Icks Collection (1), Archiv Ingo Kasten (1), Krauss-Maffei AG/Oberst Th. Icken (54), Mak, Kiel, Archiv (20), Archiv Werner Oswald (3), Dr. Ing. h. c. F. Porsche AG (11), Rheinstahl-Hanomag AG., Archiv (4), Archiv W. J. Spielberger (21), Sammlung F. Wiener (15).

Die Ansichtsskizzen in diesem Buch wurden freundlicherweise von Herrn Hilary Doyle zur Verfügung gestellt, der wie der Verfasser Mitarbeiter der BELLONA Publication Ltd. ist.

Unser Dank gilt auch BELLONA für die Erteilung der Nachdruck-Erlaubnis dieser Zeichnungen. Sie vermitteln mit Abstand die vollständigsten Unterlagen über Militärfahrzeuge des In- und Auslandes.

Vier-Seitenansichten im Maßstab 1:76 und 1:48 sind erhältlich durch einschlägige Fachgeschäfte oder direkt von BELLONA Publications Ltd. Bridge Street, Hemel Hemstaed Herts, England.

ISBN 3 - 87943 - 341 - 0

2. Auflage 1976.

Satz und Druck: Verlagsdruckerei Carle, 7143 Vaihingen/Enz.
Bindung: Großbuchbinderei Ernst Riethmüller & Co., 7000 Stuttgart.
Printed in Germany

INHALT

Vorwort

Nach fast 30 Jahren militärtechnischer Forschung, die sich in zahlreichen Veröffentlichungen niederschlug, ist es mir ein besonderes Vergnügen, vorliegendes Buch der Öffentlichkeit vorzustellen.
Mit ihm schließt sich eine lange Reihe früherer Abhandlungen über deutsche Panzerfahrzeuge.
Ausgehend von den Erfahrungen des Zweiten Weltkrieges und Guderians richtungweisendem Konzept, zeigt sich im Waffensystem »Leopard« die wohl abschließende Form des konventionellen Kampfpanzers.
Die Panzer III und IV sowie die Fahrzeuge »Panther« und »Tiger« der ehemaligen deutschen Wehrmacht ermöglichten eine exakte Konzeptfestlegung. Die Erfahrung der Bundeswehr mit neuzeitlichen amerikanischen Kampffahrzeugen erlaubte einen verhältnismäßig raschen Anschluß an den technischen Stand der Entwicklung.
Nicht zu übersehen ist die Leistung der deutschen Industrie, welche innerhalb von 10 Jahren dieses Waffensystem entwickelte, einen serienmäßigen Ausstoß ermöglichte und das Ganze auf eine europäische Ebene stellte.
Diese Leistung soll in diesem Buch dokumentiert werden. Ich darf besonders meinen Freunden Dr. F. Wiener und Col. Robert J. Icks für ihre jahrelange Unterstützung Dank sagen. Die Zeichnungen stammen zum größten Teil von Herrn Hilary Doyle, während die Farbillustrationen von Herrn Uwe Feist geschaffen wurden.
Das Buch selbst kann keinen Anspruch auf Vollständigkeit erheben, da mir vieles Material entweder nicht zugänglich war oder als »Verschlußsache« nicht veröffentlicht werden kann.
Auch ist die Entwicklung selbst noch immer in Fluß.
Aus der Fülle der vorhandenen Veröffentlichungen ergab sich jedoch eine Übersicht, die dem Leser einen ausreichenden Einblick in diese Entwicklung vermittelt.
Ich bin für weitere Vorschläge dankbar.

Walter J. Spielberger
Trieblach 9
A-9210 Pörtschach a. W.

Die Entwicklung des mittleren Kampfpanzers »Leopard«

In der europäischen Panzerentwicklung und -fertigung war nach dem Zweiten Weltkrieg durch das Ausscheiden Deutschlands ein Vakuum entstanden, das ab 1950 vor allem durch beträchtliche Lieferungen aus den Vereinigten Staaten ausgeglichen wurde. Die durch den sowjetischen Kampfpanzer T 34 und den deutschen »Panther« ausgelöste grundsätzliche Neuorientierung im Panzerbau führte in den USA zum Kampfpanzer M 26 »Pershing«, aus dem die spätere »Patton«-Baureihe M 46, M 47, M 48 und M 60 entstand. Großbritannien hatte bereits 1945 aus dem »Kreuzer«-Kampfwagen einen Einheitspanzer entwickelt, der sich dann in den zahlreichen Baureihen des »Centurion« präsentierte. Frankreich baute einige Prototypen schwerer Panzerfahrzeuge, legte das Schwergewicht aber bald auf den leichteren AMX 13. In der Sowjetunion setzten die Kampfpanzer T 44, T 54 und schließlich der T 62 den mit dem T 34 eingeschlagenen Weg fort.

Somit standen 1955 für die Erstausstattung der neuen Deutschen Bundeswehr nur amerikanische und britische Panzerfahrzeuge zur Verfügung. Inzwischen hatte die Kompliziertheit ihrer Einsatzfahrzeuge die US-Armee zum Ausbau eines in seinem Ausmaß einmaligen Versorgungssystems gezwungen, das naturgemäß auch den NATO-Partnern zugute kam. Diese Tatsache und die Preisgünstigkeit amerikanischer Fahrzeuge dürften nach Abschluß der eingehenden Vergleichserprobung schließlich im Januar 1957 den Ausschlag zugunsten einer Erstausstattung der Deutschen Bundeswehr mit amerikanischen Panzerfahrzeugen gegeben haben. Eine größere Anzahl amerikanischer Kampfpanzer vom Typ M 47 war sofort verfügbar und bildete die Erstausstattung der neuen deutschen Panzerverbände. Sie waren für Ausbildungszwecke gut geeignet und ermöglichten es sowohl der Truppe als auch der Truppentechnik, in kurzer Zeit wieder den Anschluß an den damaligen internationalen Standard zu finden. Die im Anschluß besorgten Panzertypen M 48 A 1, M 48 A 2 und M 48 A 2 C befanden sich zur Zeit ihrer Beschaffung technisch auf dem neuesten Stand. Mit ihnen konnten die mit dem M 47 gewonnenen Erfahrungen weiter vertieft werden.

Auf Grund ihrer Gesamtkonzeption mußten jedoch die amerikanischen Fahrzeuge auf die Dauer gesehen für den europäischen Raum ein Kompromiß bleiben, den die Deutsche Bundeswehr nicht akzeptieren konnte. Immerhin war Zeit gewonnen worden, um in aller Ruhe an eine Neukonstruktion heranzugehen. Taktisch und technisch gesehen, konnte zwar jederzeit auf die Erfahrungen des Zweiten Weltkrieges zurückgegriffen werden, die deutsche panzerbauende Industrie jedoch mußte erst die in den Jahren von 1945 bis 1955 entstandene Lücke schließen. So sollte der deutschen Industrie durch die Entwicklung eines hochwertigen Panzerfahrzeuges die Möglichkeit gegeben werden, an den internationalen Stand der Technik herangeführt zu werden.

Einzelne Gruppen der deutschen Industrie hatten bereits vor 1955 wieder Fühlung mit ausländischen Herstellern von Schwergerät aufgenommen und teilweise sogar durch eigene Entwürfe versucht, Anschluß an den Weltmarkt zu bekommen. So trat Daimler-Benz mit der indischen Regierung in Verhandlungen über die Beschaffung von Militärfahrzeugen ein und stellte ein Angebot über eine Beteiligung an Entwurf, Entwicklung und Serienfertigung eines 36 bis 39 t schweren Kampfpanzers.

In dieses Projekt waren folgende Firmen eingeschaltet: F. Porsche KG für Gesamtentwurf und Fahrgestell, Zahnradfabrik AG Friedrichshafen für Getriebe und Antrieb, Ruhrstahl AG für Turm und Bewaffnung. Die Wanne sollte bei der indischen Firma TATA hergestellt werden. Für die Fernmeldegeräte und die optischen

Das Projekt „714“ der Dr. Ing. h. c. F. Porsche KG, welches 1954 in Zusammenarbeit mit der Daimler-Benz AG für die Indische Regierung ausgearbeitet wurde. Das Fahrzeug wurde jedoch nicht gebaut.

Geräte war das indische Heeresamt verantwortlich. Daimler-Benz baute die Triebwerke. Die Fertigung war in einem indischen Staatsbetrieb vorgesehen, der eine Jahresproduktion von 100 Fahrzeugen aufwies. Nach einer Entwicklungszeit von vier Jahren sollte die Reihenfertigung im fünften Jahr anlaufen. Der Porsche-Entwurf aus den Jahren 1954 bis 1955 sah ein modernes 40-t-Kampffahrzeug vor, das mit vier Mann Besatzung und einer 90-mm-Kanone ein Leistungsgewicht von 16,7 PS/t erbrachte. Ausgerüstet mit dem Daimler-Benz »MB 837A« Achtzylinder-Dieselmotor und einem Tellerfeder-Laufwerk erreichte das Fahrzeug eine Höchstgeschwindigkeit von 50 km/h. Die Panzerstärke belief sich bei der Wanne auf 90 mm, während der Turm bis zu 130 mm geschützt war. In beiden Fällen war Gußstahl vorgesehen. Das Projekt zerschlug sich. Die erarbeiteten Unterlagen erlaubten es der F. Porsche KG jedoch, sich sofort an der Ausschreibung für ein neues Kampffahrzeug der Deutschen Bundeswehr zu beteiligen.

Einer der Hauptgründe für die Beschaffung eines neuen Kampfpanzers für das deutsche Heer war in erster Linie die Tatsache, daß die Panzer M 47 in absehbarer Zeit durch Abnützung ihren Wirkungsgrad verlieren würden und sich eine weitere Unterhaltung nicht mehr vertreten ließe.

Aus dieser Situation ergab sich eine erstmalige Formulierung von militärischen Forderungen für den Bau eines neuen Kampfpanzers, welche am 23. 11. 1956 erhoben wurden. In Übereinstimmung mit den Forderungen der NATO sollte ein äußerst bewegliches Kampffahrzeug der 30-t-Klasse entstehen, wobei Feuerkraft und Schutz zwar sekundär bleiben sollten, jedoch dem letzten Stand der Technik anzupassen waren.

Die Grundforderung auf hohe Beweglichkeit ging noch auf Guderians Einfluß zurück und erstreckte sich vor allem auf hohes Beschleunigungsvermögen, hohe Durchschnittsgeschwindigkeit und andere Gesichtspunkte wie Kletter-, Überschreit- und Watfähigkeit. Ferner war ein stufenloses Wendevermögen sowie ein sofortiger Übergang von Vorwärts- auf Rückwärtsfahrt vorzusehen. Die operative Beweglichkeit verlangte einen großen Fahrbereich mit einer Kraftstoff-Füllung sowie eine hohe Durchschnittsgeschwindigkeit auf der Straße. Die Wartungs- und Instandsetzungs-

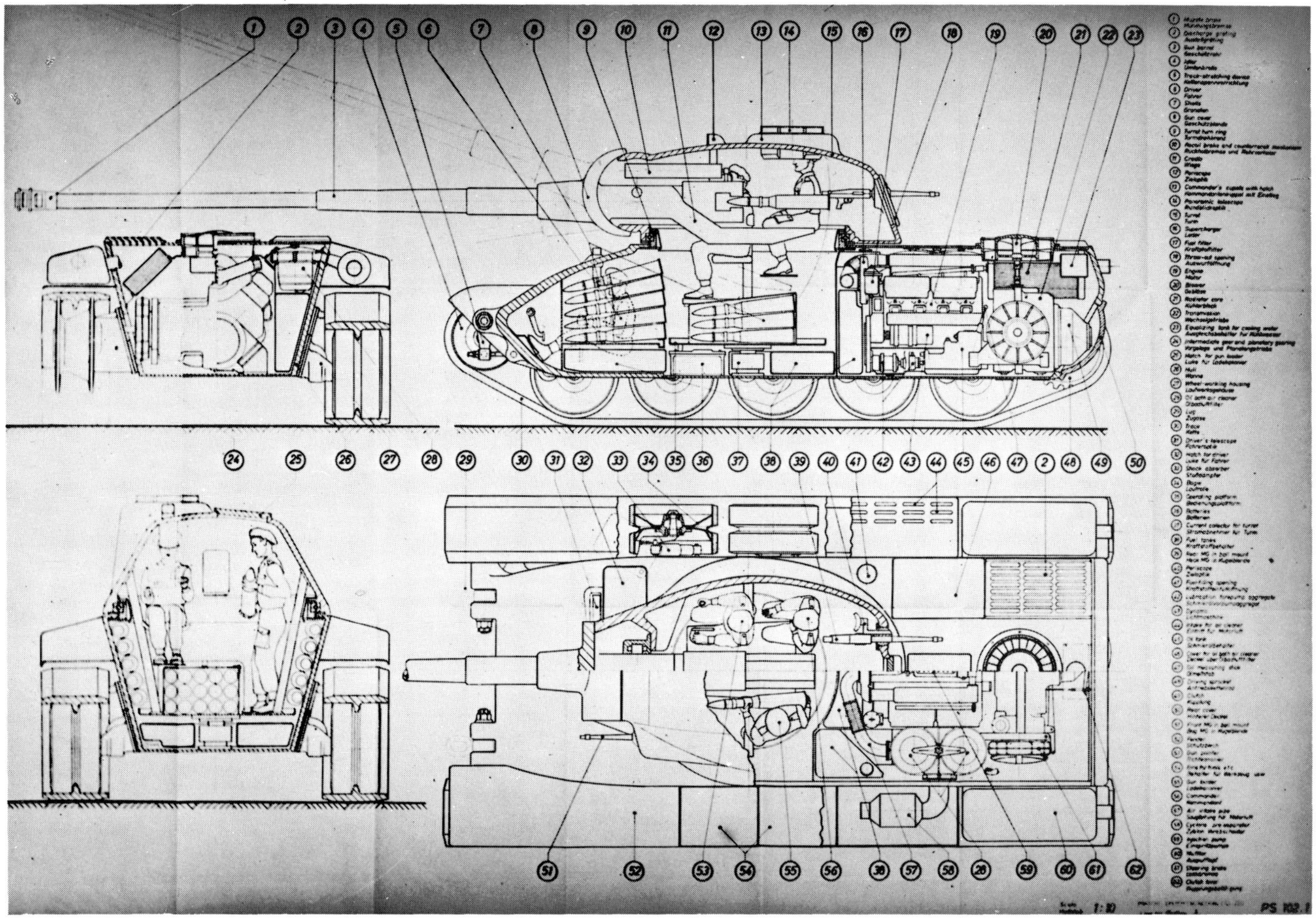

Die Schnittzeichnung des Indien-Projektes zeigt den Gesamtaufbau des Fahrzeuges und die Lage der einzelnen Aggregate. Die damit gemachten Erfahrungen ermöglichten es der Firma Porsche, sich ohne Verzug an der Ausschreibung für einen neuen deutschen Kampfpanzer zu beteiligen.

vereinfachung wurde in den Vordergrund gestellt und zum ersten Male in einem Kampffahrzeug fast ideal verwirklicht. Wie schon beim Grundentwurf der Panzerfahrzeuge der Deutschen Wehrmacht setzte auch hier die Tragfähigkeit der Mehrzahl der deutschen Brücken dem Gesamtgewicht des Fahrzeuges einschneidende Grenzen.

Zusammenfassend verlangte die militärische Forderung eine von allen bisherigen Panzerfahrzeugen noch nicht verwirklichte taktische Beweglichkeit.

Daraus resultierten die von der Abteilung Technik des Bundesverteidigungsministeriums am 25. 7. 1957 herausgegebenen Richtwerte:

- Gesamtgewicht 30 t
- Leistungsgewicht 30 PS/t
- Vielstoffmotor mit Luftkühlung
- Fahrbereich 350 km
- dem letzten Stand der Technik entsprechende (Drehstab- oder hydraulische) Federung
- Höchstbreite 3150 mm
- Bodendruck bis 0,8 kp/cm²

Die militärischen Forderungen waren weitgehend mit

Die Entwicklung von Hochleistungsmotoren war in der Zwischenzeit von der Daimler-Benz AG eingeleitet worden, die eine Baukastenreihe solcher Motoren vorsah. Unser Bild zeigt den 8-Zylindermotor dieser Baureihe vom Typ „MB 837". Die spätere Fertigung wurde von der Motoren- und Turbinen-Union Friedrichshafen GmbH übernommen.

Um das Fahrverhalten dieser Motoren auch im tatsächlichen Fahrbetrieb zu ermitteln, baute man einen Versuchsmotor in einen amerikanischen Kampfpanzer „M 47" ein.

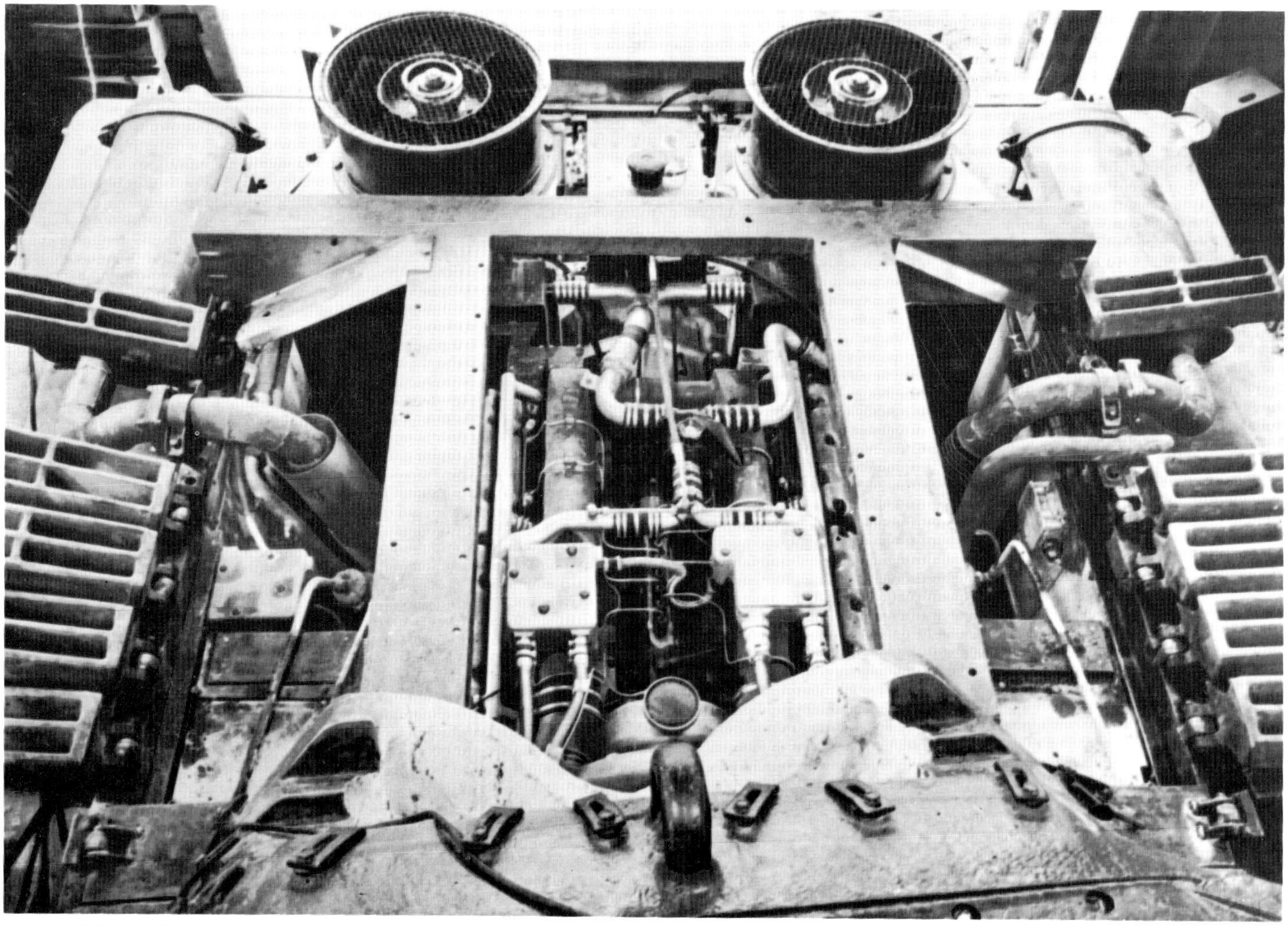

Unser Bild zeigt den eingebauten 8-Zylinder „MB 837"-Motor im Kampfpanzer „M 47".

dem französischen Verteidigungsministerium abgestimmt worden, da ursprünglich vorgesehen war, ein Standardfahrzeug für beide Länder zu entwickeln.

Den Wert der Feuerkraft bestimmte die vorgesehene Hauptbewaffnung, womit unmittelbar Durchschlagleistung, Mündungsgeschwindigkeit/Treffsicherheit, Feuergeschwindigkeit und Munitionsvorrat angesprochen werden. In diesem Zusammenhang kam den vorgesehenen Ziel- und Richtmitteln erhöhte Bedeutung zu. Treffsicherheit bei Tag und Nacht innerhalb kürzester Zeit bestimmen den tatsächlichen Kampfwert des Fahrzeuges. Für eine Entfernung von 2000 bis 2500 m wurde eine Durchschlagleistung von bis zu 150 mm Panzerstahl, 30° geneigt, verlangt. Der bei den amerikanischen Panzerfahrzeugen vorhandene Munitionsvorrat sollte erreicht werden.

Die Panzerung sollte gegen Kaliber bis zu 20 mm auf nahe Kampfentfernung schützen. Die Tatsache, daß gegen moderne Wucht- und Hohlladungsgeschosse sowieso keine Schutzmöglichkeit bestand, wurde anerkannt.

Dem ABC-Schutz wurde besonderer Wert beigemessen. Durch zweckmäßige Gestaltung des Kampfraumes und durch den Einbau einer Schutzbelüftungsanlage wurde der Besatzung die Möglichkeit gegeben, auch bei atomarer Verseuchung einen 24-Stunden-Kampftag, ohne den Panzer verlassen zu müssen, zu überstehen. Die Anwendung der neuesten Erfahrungen der Anthropotechnik machte das Leben im geschlossenen Fahrzeug erträglicher.

Dazu kam eine weitgehende Reduzierung der Brandanfälligkeit des Fahrzeuges durch die Verwendung eines Dieselmotors und den Einbau einer wirkungsvollen Feuerlöschanlage.

Gemäß den früheren deutschen Gepflogenheiten erfolgte die Vergabe der Entwicklungsaufträge durch das Bundesamt für Wehrtechnik und Beschaffung an zwei Firmengruppen. Da technisches Neuland betreten werden mußte, schlossen sich in beiden Fällen einige Hersteller zu folgenden Interessengruppen zusammen:

Gruppe A:

Dr. Ing. F. Porsche KG, Atlas-MAK, Luther-Werke und Jung-Jungenthal

Gruppe B:

Ruhrstahl, Rheinstahl-Hanomag und Rheinstahl-Henschel

Dazu kamen noch die Turmhersteller Wegmann und Rheinmetall.

Die meisten dieser Firmen waren schon während des Zweiten Weltkrieges am Panzerbau beteiligt. Da die Entwicklung zuerst in Zusammenarbeit mit dem französischen Verteidigungsministerium erfolgte, einigte man sich darauf, in Frankreich zunächst nur einen Prototyp, in Deutschland dagegen vier Prototyp-Fahrzeuge zu bauen. Alle diese Fahrzeuge wurden von Deutschland finanziert.

Die beiden Fahrzeuge der Arbeitsgruppe A entstanden unter der technischen Leitung der Dr. Ing. h. c. F. Porsche KG, während die der Gruppe B vom Ingenieurbüro Warnecke in Düsseldorf konzipiert wurden. Daneben beteiligte sich bei der Gruppe B die C. F. W. Borgward GmbH in Bremen mit der Fahrwerksentwicklung für diese Fahrzeuge.

1959 standen die Holzmodelle 1:1 beider Gruppen für Anschauungszwecke zur Verfügung.

In der Firmengruppe A produzierte die Firma Jung-Jungenthal, Kirchen/Sieg, den Prototyp A 1, während der zweite Prototyp (A 2) von der Firma MAK in Kiel

1959 standen die ersten Holzmodelle 1:1 der neuen deutschen Kampfpanzer-Vorschläge zur Verfügung. Unser Bild zeigt den Vorschlag der Firmengruppe A (Porsche/MAK/Jung/Luther). Hinter der Attrappe ein russischer Kampfpanzer „T 34/85".

gefertigt wurde. Diese als Porschetyp »723« laufenden Fahrzeuge hatten ein Nenngewicht von 33 t, welches sich jedoch auf 35 t erhöhte. Auch beim Turmgewicht von ursprünglich 7,8 t mußte eine Erhöhung auf ca. 8,3 t in Kauf genommen werden.

Während die Wanne bereits für die Aufnahme eines 10-Zylinder-Motors ausgelegt war, kam bei beiden Fahrzeugen noch der Daimler-Benz 8-Zylinder »MB 837 A« Dieselmotor zum Einbau. Die Höchstgeschwindigkeit betrug 65 km/h. Bei der Unterbringung des Sieben-Rollen-Laufwerkes ergaben sich Schwierigkeiten mit den hinteren Drehstäben. Ursprünglich war der für diese Fahrzeuge gelieferte Drehturm noch mit einer 90-mm-Kanone der Firma Rheinmetall bestückt.

Mitte 1960 begannen beide Firmengruppen mit der Werkserprobung der Prototypen. Der Prototyp A 1 ging am 16. 6. 1960, der Prototyp A 2 am 27. 8. 1960 in den Fahrbetrieb. Die Übergabe an die Dienststellen des Verteidigungsministeriums erfolgte im Januar 1961.

Bei der Arbeitsgruppe B fertigte die Rheinstahl-Hanomag in Hannover den Prototyp B 1, während Henschel in Kassel den Prototyp B 2 lieferte. Während die Fahrzeuge der Firmengruppe A mit mechanischem 5-Gang-Getriebe und Zweiradien-Überlagerungslenkgetrieben ausgestattet waren, kamen bei den Prototypen der

Vorder- und Seitenansicht des Vorschlages der Firmengruppe B (Rheinstahl-Hanomag/Henschel).

Gruppe B unter Last schaltende 8-Gang-Planetengetriebe und stufenlose hydrostatische Überlagerungs-Lenkgetriebe zum Einsatz. Bei fast gleicher Wanne ergab sich bei den Fahrzeugen der Gruppe B gegenüber den A-Fahrzeugen mit Drehstabfederung und 7-Rollen-Laufwerk die Verwendung einer hydropneumatischen Federung beim Prototyp B 1, während das Fahrzeug B 2 eine Dubonnet-Federung mit Reibungsring- und Tellerfederkombination aufwies. Beide B-Fahrzeuge hatten ein 6-Rollen-Laufwerk, die Gleisketten waren außen geführt.

Die für die A-Fahrzeuge von der Firma Wegmann in Kassel geschaffenen Drehtürme wurden später auf die englische 105-mm-Kanone L 7 umgerüstet, die beiden B-Fahrzeuge hatten einen von Rheinmetall, Düsseldorf, entworfenen Turm mit einer 105-mm-Kanone eigener Fertigung. Bei Henschel begannen die Werkserprobungen am 20. 5. 1960, die bei Hanomag am 9. 7. 1960. Die Übergabe der B-Fahrzeuge an die Dienststellen des Heeres erfolgte jedoch erst im September 1961.

Die Erprobungsstellen der Bundeswehr, darunter die E-Stelle 91 und die E-Stelle 41 mit ihrer Außenstelle A in Meppen, übernahmen die eingehende Erprobung dieser Prototypen. Auf Grund dieser technischen Untersuchungen sowie der dreimalig stattgefundenen trilateralen Vergleichserprobungen ergab sich eine weitere Änderung der militärischen Forderung. Am 13. 10. 1961 wurde eine Tauchfähigkeit von 8 m gefordert und nochmals auf das gewünschte Gesamtgewicht von 30 t hingewiesen.

Aus Kostengründen und um das Gerät weniger störanfällig zu machen, sollte der beim Turm I beim Richt-

Prototyp der Fertigungsgruppe B. Hier Vorderansicht des „Gerätes T/I“ der Rheinstahl-Hanomag. ▶

Prototyp der Rheinstahl-Hanomag mit Turm auf 3 Uhr, Rohrerhöhung 20°. ▶

Der am 16. Juni 1960 fertiggestellte Prototyp A 1 der Firmengruppe A. Dieses Fahrzeug war noch mit einer 90-mm-Rheinmetall-Kanone bestückt. Das zweite Fahrzeug des Porsche-Typs „723" wurde am 27. August 1960 abgeliefert.

schützen vorgesehene Entfernungsmesser durch ein Einschuß-MG nach britischem Vorbild ersetzt werden. In diesem Zusammenhang wurde nunmehr als endgültige Hauptbewaffnung für den »Standard«-Panzer die britische 105-mm-Kanone »L 7« bestimmt. Mit dieser Kanone erfolgte bereits die Umrüstung der letzten Baureihen des »Centurion« sowie die Ausrüstung des neuesten US-Kampfpanzers »M 60«.
Für die Erprobung des neuen Waffensystems und die

◀ **Der Rheinstahl-Hanomag Prototyp mit Turm in Marschstellung.**

◀ **Die Rückansicht des Rheinstahl-Hanomag Prototyps „T/I".**

bei der Erprobung gewonnenen Erfahrungen wurde nunmehr eine Anzahl von Fahrzeugen des Prototyps II beschafft. Ursprünglich wurden auch diese Fahrzeuge von beiden Firmengruppen gefertigt. Zu den beiden Firmen der Gruppe A, von denen Jung-Jungenthal und Maschinenbau Kiel (MAK) je 9 Prototyp-Fahrzeuge bauten, kam noch die Firma Luther & Jordan in Braunschweig mit einem Auftrag über 8 Fahrzeuge des Prototyps II. Diese 26 Fahrzeuge der Firmengruppe A mit der Porschebezeichnung »773« wurden wie folgt gekennzeichnet:
Anfangsbuchstabe des Herstellers (J, M oder L)
Prototyp Art (in diesem Fall II)
laufende Nummer (je nach Fertigstellung 1 bis 26)
Die Fahrzeuge hatten ein Nenngewicht von 37 t, welches tatsächlich wieder auf ca. 39 t anstieg. Das Turmgewicht hatte sich auf 9,2 t erhöht.

Im Laufe des Jahres 1961 wurde der Prototyp A1 auf die britische 105-mm-Bordkanone „L 7“ umgerüstet, von der im Herbst 1962 1500 Stück angekauft wurden. Der Fahrer saß noch links.

Der Prototyp A 2 der Firmengruppe A führte die Porschebezeichnung „773“. Unsere Bilder zeigen das Holzmodell des Fahrzeuges.

Die Seitenansicht des Protoyps A 2 zeigt schon die endgültige Form des späteren Kampfpanzers „Leopard“. Die Schlitze der Auspuff-Abgasgraetings stehen noch senkrecht.

Prototyp A 2

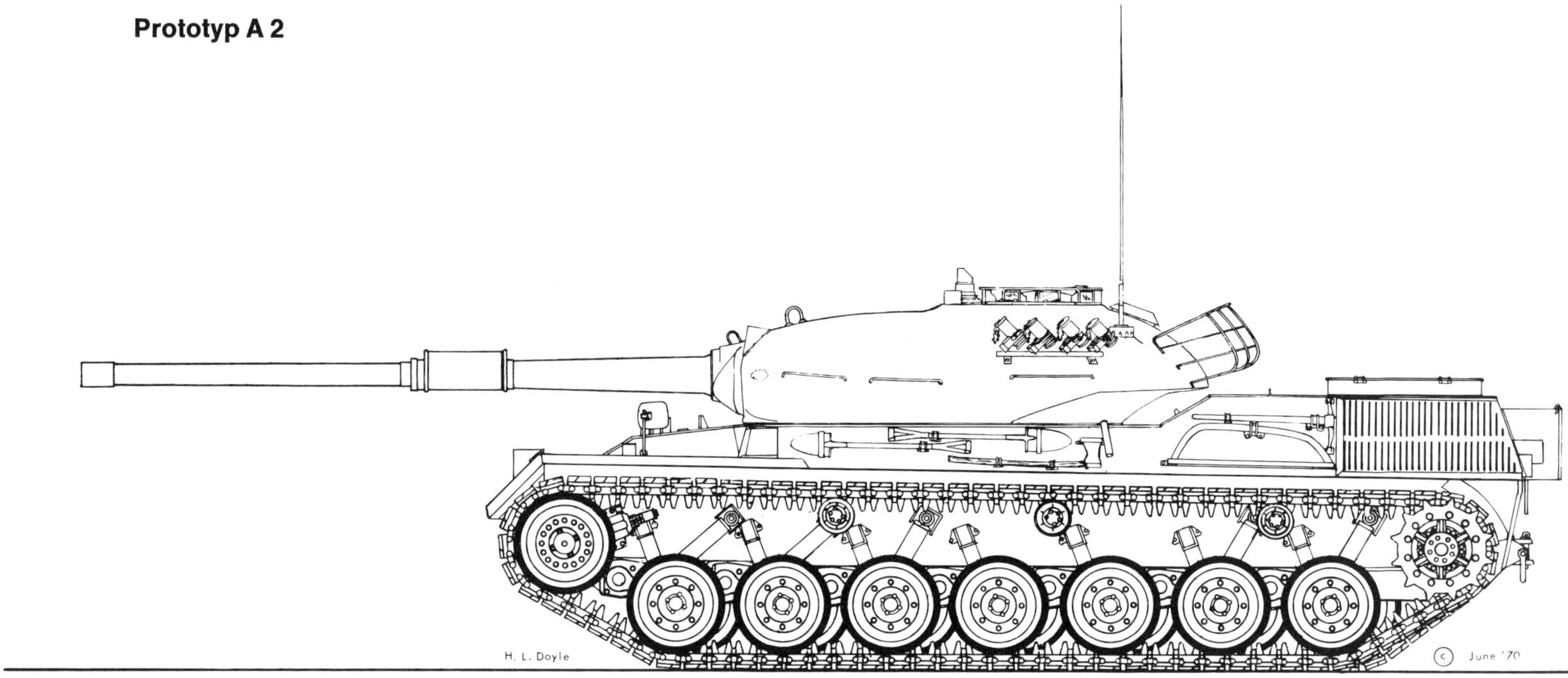

Das Fahrzeug wurde als „Standard"-Kampfpanzer im Juli 1963 zum ersten Male der Öffentlichkeit vorgestellt.

Das Fahrzeug A 2 bei Versuchsfahrten am Steilhang, wobei besonders die gute ballistische Form des Fahrzeugs auffällt.

Vom Anfang der Entwicklung an wurde eine Tauchfähigkeit bis zur Turmoberkante des Fahrzeuges verlangt.

Dabei ist zu erwähnen, daß sich die Frontpanzerung gegenüber dem Typ »723« von 50 auf 70 mm erhöht hatte, während der Schutz hinten von 20 auf 25 mm angehoben wurde. Der nunmehr verwendete Zehnzylinder-Dieselmotor der Firma Daimler-Benz vom Typ »MB 838 Ca-500« erhöhte die Höchstgeschwindigkeit auf 73 km/h. Das noch beim Typ »723« vorhandene Zusatzaggregat (ein halbierter »OM 636«-Dieselmotor mit 20 PS Leistung) entfiel beim Prototyp II. Der Fahrersitz war nunmehr nach rechts verlegt worden.

Der Prototyp J II 1 wurde bereits im November 1961 in den Fahrbetrieb übernommen, das Fahrzeug L II 2 folgte im Dezember. Die Mehrzahl der Fahrzeuge wurden vom Frühjahr bis Sommer 1962 fertiggestellt, die letzten drei Stück kamen im Dezember 1962 zur Auslieferung.

Auf Grund technischer Probleme, vor allem bei der

Die Vorderansicht des Fahrzeuges A 2 zeigt die Öffnung für das Einschieß-Maschinengewehr in der linken Blendenseite. Der Fahrersitz war nach rechts verlegt worden, um einen ausreichenden Bereitschaftsmunitionsvorrat beim Ladeschützen unterzubringen. ▶

Die Entfeinerung der Waffenanlage wurde jedoch von der Truppe abgelehnt und für die endgültige Ausführung des Fahrzeuges die Wiedereinführung des Entfernungsmessers verlangt. Aus dieser Forderung ergab sich beim Vorserienfahrzeug, dem Porschetyp „814", die Verwendung des Wegmann-Turmes III mit einem vom Richtschützen zu bedienenden Entfernungsmesser.

hydropneumatischen Federung und der Zweitakt-Vielstoff-Motorenbaureihe der Rheinstahl-Hanomag, sowie aus Ersparnisgründen wurde nach kurzer Anlaufzeit die Fertigung der vier »B II«-Prototypen 1962 eingestellt.

Im Herbst 1962 wurden 1500 Stück der englischen Hochleistungskanone »L 7« angekauft und damit ein wichtiger Schritt zur Standardisierung der Panzermunition innerhalb der NATO gemacht. Wie bereits erwähnt, wurde zu Beginn der »Leopard«-Entwicklung von der Firma Rheinmetall der Versuch unternommen, als Hauptbewaffung für den »Standard«-Panzer eine Kanone mit einer Innenballistik zu entwickeln, welche auch ein zur gleichen Zeit von Frankreich entworfenes drallstabilisiertes Spezialgeschoß mit Hohlladungswirkung verwenden konnte. Letztlich entschloß man sich nicht nur als logistischen, sondern auch auf Grund einer weiteren Fächerung an panzerbrechender Munition durch Wucht- (HEAT), Hohlladungs- (APDS) und Quetschkopfgeschosse (HESH/HEP) zur Einführung der Kanone »L 7 A 1«. Um der Kanone im »Leopard«-Drehturm die volle Rohrsenkung von –9° zu ermöglichen, wurde die hintere obere Kante des Rohrbodenstückes abgeschrägt. Durch diese Änderung erhielt die Kanone die Bezeichnung »L 7 A 3«.

Mit den Prototypen II A wurde vorwiegend das Panzerlehrbataillon 93 in Munster ausgestattet. Ab Herbst 1962 begannen damit die Truppenversuche, nachdem dem Bataillonsstab ein Versuchsstab, der die Erprobung überwachte, angeschlossen wurde. Die Truppe selbst war es, welche die »Entfeinerung« der Waffenanlage ablehnte und auf eine Wiedereinführung des Entfernungsmessers beim Richtschützen bestand. Das Einschieß-MG hatte sich auf größere Entfernungen als unterlegen erwiesen. Dies führte schon Ende 1961 zu der Forderung nach einem Turm III mit E-Messer beim Richtschützen, der bei 16facher Vergrößerung Misch- und Raumbildsystem umschaltbar in sich vereinigen

Ein Größenvergleich zeigt das 0-Serienfahrzeug zusammen mit den amerikanischen Kampfpanzern M 60, M 48 und M 47. Die Hauptbewaffnung beim 0-Serienfahrzeug und dem Kampfpanzer M 60 war die gleiche.

sollte. Die deutsche optische Industrie entwickelte diesen E-Messer in erstaunlich kurzer Zeit. Es wurde die Möglichkeit untersucht, diesen E-Messer beim Kommandanten unterzubringen, was jedoch eine starke Erhöhung des Turmdaches erforderlich machte. Das Fahrzeug wurde am 11. 7. 1963 zum ersten Male der Öffentlichkeit vorgestellt.

Während noch die Erprobung der Prototype II lief, genehmigte im Sommer 1963 der Verteidigungsausschuß des Deutschen Bundestages in einer Vorentscheidung zur Beschaffung eigener Kampfpanzer eine 0-Serie von 50 Panzern. Noch im Jahre 1963 begannen die Firmen der Gruppe A diese Fahrzeuge auszuliefern, und zwar Jung-Jungenthal 17 Stück, MAK 16 Stück und Luther & Jordan 17 Stück. Diese Fahrzeuge hatten nunmehr die Porsche-Zeichnungsnummer »814«.
Sie wurden im August 1963 unter italienischer Leitung mit dem in der Zwischenzeit als Prototyp vorhandenen französischen AMX 30 verglichen. Die Vorserienfahrzeuge unterschieden sich kaum von den Prototypen II, hatten jedoch in der Anordnung der Baugruppen sowie am Laufwerk zahlreiche Änderungen aufzuweisen. Auch war das Gesamtgewicht wiederum angestiegen. Es lag nunmehr bei ca. 40 t, wobei das Gewicht des Wegmann-Turmes III ca. 9,2 t betrug. Die Türme für die 50 Vorserienfahrzeuge wurden mit je 50 % von den Firmen Wegmann & Co, Kassel, und Rheinmetall, Düsseldorf, gefertigt. Konstruktiv waren diese Türme baugleich, sie unterschieden sich lediglich in den Fertigungseigenheiten der Hersteller. Gegenüber den Prototyp-II-Türmen ergab sich der Einbau eines optischen Entfernungsmessers anstelle des Einschieß-MG, der Einbau eines Wärmeausgleichers für die Rohrbremse, eine Leistungssteigerung der Absaugvorrichtung, eine Erhöhung der Standfestigkeit der Ziel- und Beobachtungseinrichtungen, eine Verstärkung der Befestigung der Richtanlage sowie eine Änderung der Verzahnung des Drehringlagers.
Teilweise war als Zusatzaggregat eine Saurer-Kleinturbine (Typ GT 15) mit einer Leistung von 15 PS eingebaut.

Die ersten größeren Truppenversuche begannen im Herbst 1962.

Die vom 16. 9. bis 5. 10. stattfindenden Vergleichsprüfungen fanden in Mailly de Camp statt und wurden daraufhin in Bourges, Satory und Meppen fortgesetzt. Dabei fuhr der »Standard«-Panzer trotz seines 6 t schwereren Gesamtgewichtes ca. 10 % schneller und beschleunigte 18 % besser als sein französisches Gegenstück.
Die Änderung der Verteidigungspolitik in Frankreich erbrachte eine Verschiebung der zur Verfügung stehenden Haushaltsmittel, wobei für Panzer bis 1965 keine Gelder zur Verfügung gestellt werden konnten. In Deutschland jedoch mußten die amerikanischen M 47 beschleunigt abgelöst werden. Darauf legte man sich in beiden Ländern auf eine nationale Panzerfertigung fest.

Die Vorserienpanzer waren hauptsächlich für einen erweiterten Truppenversuch auf Bataillonsebene vorgesehen, um vor Anlauf der Serie nochmals einen umfassenden Überblick über den technischen Stand des Fahrzeuges zu erhalten.

421

Die dabei vorgetragenen Truppenwünsche wurden weitgehend berücksichtigt. Unser Bild zeigt einen Kampfpanzer am 30 %-Querneigungshang.

Im deutschen Bundeshaushalt waren 1964 für die Fertigung des neuen Kampfpanzers 1,5 Milliarden DM bereitgestellt worden. Daß sich bei der Entwicklung und Erprobung dieser Fahrzeuge eine Anzahl technischer Schwierigkeiten ergaben, ist selbstverständlich. Ursprünglich waren es Probleme mit der Festigkeit der Wanne, die zu hohe Verwindungen aufwies. Daneben zeigten sich am Laufwerk Überhitzungserscheinungen an den Radbandagen. Die elektrohydraulische Turmrichtanlage sowie die optischen Zielgeräte verlangten Änderungen. Vor allem aber war es die Vielstoff-Fähigkeit des Daimler-Benz-Triebwerkes, welche nicht sofort beherrscht werden konnte. Um den Serienanlauf nicht zu verzögern, mußten die ersten 600 Fahrzeuge mit einem normalen Dieselmotor ausgestattet werden. Die konstruktive Serienreifmachung aller Teile und Baugruppen des Fahrzeuges wurde im Juli 1963 der Firma Krauss-Maffei AG in München-Allach übertragen. Zusammen mit dem Sonderbüro der Firma Porsche wurde die Organisation der Serienfertigung durch Zusammenfassung aller am Projekt beteiligten Stellen von den Dienststellen des Auftraggebers bis

Steilhänge bis zu 60 % können ohne Schwierigkeiten überwunden werden.

zu den etwa 520 Zulieferern vorbereitet. Sich laufend ergebende technische Änderungen, technischer Fortschritt sowie neue militärische Forderungen mußten in die Serienfertigung eingeschleust werden.
Die Management-Firma Krauss-Maffei hatte auch dafür zu sorgen, daß die langwierigen Vertragsverhandlungen keinen Einfluß auf den termingemäßen Ablauf der Serienvorbereitung sowie die Einschaltung von Zulieferern hatten.
Unter anderem wurde die Herstellerfirma auch mit der Erstellung der technischen Dienstvorschriften sowie der Kalkulation aller benötigten Ersatzteile belastet.
Die Planung und Erstellung einer Taktstraße für die Serienfertigung sowie der Bau eines firmeneigenen Prüfgeländes waren ebenfalls in der Verantwortung des Generalunternehmers. Dabei ergab sich für die Produktion eine Taktstraße mit 17 Stationen, welche durch eine Unterflurkette miteinander verbunden waren. Ein ähnliches, jedoch kürzeres Band diente der Vormontage des Triebwerkblockes. Das Gesamtaggregat wurde mit Motor, Getriebe und Kühlanlage fertig

montiert und vor Einbau einer Funktionsprüfung unterzogen. Da ein Großteil der insgesamt 12 000 Einzelteile des Kampfpanzers bei der Krauss-Maffei AG selbst gefertigt werden mußte, wurde die Einführung von ca. 1800 Vorrichtungen notwendig.

Die Schulung des Lehrpersonals der Bundeswehr wurde ebenfalls von Krauss-Maffei übernommen, die auch zur Betreuung der abgenommenen Fahrzeuge einen technischen Außendienst zur Verfügung stellte.

Das Prüfgelände besteht aus einem Rundkurs von 1200 m Länge und Steigungen von bis zu 30° oder 60 %. Ein Tauchbecken bis zu 4,5 m Tiefe sowie ein Querhang mit 17° Neigung vervollständigt die Einrichtung.

Die Fertigung des Kampfpanzers läuft in folgenden Stufen ab:

- Herstellung von Einzelteilen
- Herstellung von einbaufähigen Aggregaten
- Vormontage der Baugruppen
- Endmontage des Fahrzeuges
- Ausrüstung des Fahrzeuges
- Abnahme und Erprobung des Fahrzeuges
- Reinigung, Lackierung und Fertigmachen zum Versand

Werkabnahme und Bauaufsicht der Bundeswehr sind in dieses Taktverfahren eingeschaltet und gewährleisten ein Höchstmaß an Qualitätskontrolle.

Rund 2700 Firmen sind an der Herstellung der Einzelteile des »Leopard« beteiligt. Die Hauptgruppen Wanne (Blohm & Voss AG, Hamburg), Triebwerk (Motoren- und Turbinen-Union Friedrichshafen GmbH), Schalt- und Lenkgetriebe sowie Seitenvorgelege (Zahnradfabrik Friedrichshafen AG) und Turm (Rheinmetall GmbH, Düsseldorf, und Waggonfabrik und Fahrzeugbau Wegmann & Co, Kassel), werden neben zahlreichen anderen Baugruppen und Einzelteilen bei der Krauss-Maffei AG angeliefert.

Das erste Serienfahrzeug, welches nunmehr die offizielle Bezeichnung »Leopard« trug, verließ das Montageband der Krauss-Maffei AG am 9. 9. 1965.

Die Walzstahlwanne des Porschetyps »814«, aus hochwertigen Stahlplatten zusammengeschweißt, ist in einen Kampfraum und einen Motorraum unterteilt. Eine querlaufende, hermetisch abgedichtete Trennwand erzielt diese Unterteilung. Die Beschußfestigkeit der Wanne wurde vor allem durch Schrägstellung der Platten, aber auch durch Abstützen in der Hauptschußrichtung liegenden Platten erreicht. Durchbrüche durch die Panzerung wurden weitgehend vermieden. Im Wannendach ist das Leichtmetall-Turmkugellager (Hersteller Hösch Rothe Erde Schmiedag AG, Dortmund) eingesetzt. Der Fahrersitz befindet sich rechts vorne im Kampfraum, um links davon den Einbau eines größeren Munitionsbehälters zu ermöglichen. Davor ist die ABC-Schutz- und Belüftungsanlage untergebracht. Die im Wannendach vorgesehene Fahrerluke ist gegen direkten Beschuß gesichert. Der Fahrer hat drei Winkelspiegel zur Verfügung, welche ihm einen Sichtbereich von ca. 130° ermöglichen. Der mittlere Spiegel kann gegen ein Infrarot-Nachtsichtgerät (Hersteller AEG-Telefunken, Werk Hamburg) ausgetauscht werden. Die abnehmbaren, wasserdichten Fahrscheinwerfer können wahlweise für Normal- bzw. Infrarotlicht verwendet werden. Die vom Drägerwerk in Lübeck und von der Anton Piller KG in Osterrode gefertigte Belüftungs- und ABC-Schutzanlage versorgt den hermetisch abgedichteten Kampfraum mit gefilterter Luft. Zusammen mit der an der Kanone befindlichen Absaugvorrichtung werden toxische Gase entfernt und die Atemluft erneuert. Auswechselbare Filter halten Kampfstoffanhäufungen zurück.

Die motorunabhängige Heizanlage (Hersteller J. Eberspächer KG, Esslingen) ist rechts im Kampfraum untergebracht und dient in erster Linie der Kampfraumbeheizung. Dieses Vielstoffaggregat kann auch zur Vorwärmung der Kühlflüssigkeit des Hauptmotors sowie zur Erwärmung der Batterien verwendet werden. Das Frischluftgebläse der Heizung dient im Sommer zur Kampfraumbelüftung.

Motor und das kombinierte Schalt- und Lenkgetriebe sind im Motorraum untergebracht. Dort befinden sich noch die Kühlanlage, die Luftfilter, die Auspuffanlage, Bremsanlage und Kraftstoffbehälter. Der Motor ist mit dem Schalt- und Lenkgetriebe sowie der Kühlanlage zu einem Triebwerksblock zusammengefaßt. Das Auswechseln dieses Triebwerkblockes kann von ausgebildeten Soldaten einschließlich Vor- und Nacharbeiten innerhalb von 30 Minuten durchgeführt werden. Dazu ist die elektrische Anlage mit mehrpoligen Steckern, die Kraftstoff- und Bremsanlage mit Steckkupplungen versehen. Die Gestängeverbindungen werden mit gesicherten Steckbolzen an die zugehörigen Gegenstücke in der Wanne angeschlossen. Schnell lösbare Zahnkupplungen trennen die Verbindung zwischen Getriebe und Seitenvorgelegen.

Die Bremsen des Fahrzeuges (Hersteller A. Teves GmbH, Frankfurt) genügen den Mindestforderungen der StVZO und sind als Teil-Scheibenbremsen ausgelegt. Sie sind zwischen dem Getriebe und den Seitenvorgelegen untergebracht. Die Hydraulik der Fußbremse wirkt auf Kolben, die in zwei Sätteln je Bremsscheibe untergebracht sind. Die Bremssattelgehäuse enthalten je vier Bremsbeläge. Wartungsöffnungen im Wannenboden ermöglichen ein rasches Auswechseln der sich selbst nachstellenden Bremsbeläge. Eine Drehflügelpumpe erzeugt den Bremsdruck. Die Handbremse, welche gleichzeitig als Feststellbremse dient, ist als Zangenbremse ausgelegt. Zwei Handbremshebel betätigen unabhängig von einander mechanisch die Bremszüge.

Im Motorraum ist beiderseits je ein Auspufftopf (Hersteller F. Boysen GmbH, Altensteig) untergebracht. Die Abgase vermischen sich vor dem Austritt ins Freie mit der Motorenfrischluft. Dadurch wird durch starke Abkühlung der Abgase die Wärmeortung erschwert. Bei Unterwasserfahrten werden die Auspuffleitungen durch Rückschlagklappen verschlossen. Bei stehendem Motor während Unterwasserfahrt wird dadurch der Eintritt von Wasser vermieden. Ein Wiederanlassen des Motors unter Wasser ist möglich.

Beim Laufwerk wurde auf die bewährte Drehstabfederung zurückgegriffen. Im Zusammenhang mit dem Sieben-Rollen-Laufwerk ermöglicht sie eine ausreichende Federung des Fahrzeuges, ohne auf aufwendige und störungsanfällige hydraulische Stabilisierungen angewiesen zu sein. Den gestellten Forderungen hinsichtlich Beweglichkeit und Dauerfestigkeit konnte nach dem derzeitigen Stand der Technik optimal entsprochen werden. Die querliegenden Drehstäbe erfordern eine Staffelung der Leichtmetall-Laufrollen (Hersteller Otto Fuchs, Meinerzhagen, und VAW, Leichtmetall-Werke, Bonn). Diese bestehen aus je zwei Laufrollenhälften, auf die je eine Vollgummibandage aufvulkanisiert ist. Sie sind mittels Schwingarm mit den Drehstäben verbunden. Die Verankerung der Drehstäbe erfolgt im gegenüberliegenden Teil der

Immer mehr wurden Kolonnen von „Standard"-Panzern ein Bestandteil des militärischen Tagesablaufes. Als Spitzenfahrzeug ein geländegängiger Lastkraftwagen 0,25 t der Auto-Union GmbH.

Wanne. Die drei vorderen sowie die zwei hinteren Laufrollen sind je Fahrzeugseite mit je einem hydraulischen Stoßdämpfer (Hersteller H. Hemscheid, Wuppertal) versehen. Maximalausschläge der Schwingarme sind durch Kegelstumpffedern begrenzt. Die Leiträder, austauschbar mit den Laufrollen, sind am Fahrzeugbug befestigt. Eine Verstellspindel betätigt den Leitradarm. Vier Stützrollen pro Seite unterstützen das obere Kettentrumm. Sie sind versetzt angeordnet, indem zwei die innere und zwei die äußere Seite der Gleiskette tragen.

Die mittelgeführten Gleisketten sind gummigelagerte und mit Gummipolstern versehene Verbundketten. Die einzelnen Glieder werden durch Kettenverbinder und Mittelführungsstege zusammengehalten. Die hauptsächlich von der Firma Diehl KG in Remscheid gelieferte Kette verbindet in idealer Weise Geländegängigkeit mit geringer Straßenabnützung. Die hinten liegenden Antriebsräder sind an den Seitenvorgelegen angeflanscht. Die Triebkränze sind auswechselbar.

Die Lenkung des Fahrzeuges erfolgt mittels eines Lenkrades über Gestänge im Kampfraum zum Lenksteuerventil am Getriebe. Eine Trennkupplung zwischen Motor und Getriebe kann auch vom Kommandanten bedient werden. Dadurch bleibt bei Ausfall der Bordelektrik das Getriebe mit zweitem Gang mit

Im Oktober 1961 ergab sich die Forderung nach einer Zusatztauchfähigkeit bis zu 8 Meter. Durch Aufsetzen eines dreiteiligen Luftschachtes auf der Kommandantenluke und durch seitliche Kettenabdeckungen wurde diese Forderung erfüllt. Die Vorbereitung zum Tiefwaten beträgt ca. 5 Minuten.

Wandler mechanisch geschaltet. Der Panzer kann dadurch im Notfall bewegt werden.
Die Tauchhydraulik ermöglicht das Schließen und Öffnen der Luft- und Abgasklappen. Der dafür erforderliche Öldruck wird durch eine sich im Kampfraum befindende Handpumpe erzeugt. Im Kampf- und im Motorraum ist je eine, elektrisch betriebene Lenzpumpe vorhanden, welche eventuell eingedrungenes Sickerwasser ins Freie befördern.
Eine automatische Feuerlöschanlage, (Hersteller Deugra GmbH, Ratingen) bestehend aus vier Löschmittelflaschen, ist in der Lage, Feuerlöschflüssigkeit durch im Motorraum verlegte Sprührohre und Löschdüsen zu verteilen. Im Motorraum verlegte Warnelemente, welche auf überhöhte Temperaturen ansprechen, ermöglichen die automatische Auslösung der Feuerlöschflüssigkeit.
Der Bau von Prototypen gepanzerter Fahrzeuge läßt sich nach vorliegenden Erfahrungen innerhalb von zwei bis drei Jahren durchführen. Voraussetzung dafür ist das Vorhandensein fertiger Baugruppen wie Motor und Getriebe, damit diese Prototypen auch tatsächlich als Erprobungsträger fahren und schießen können. Die Entwicklung eines Motors mußte daher mindestens drei Jahre vor Beginn der Prototypenentwicklung anlaufen, um diesen Motoren die notwendige

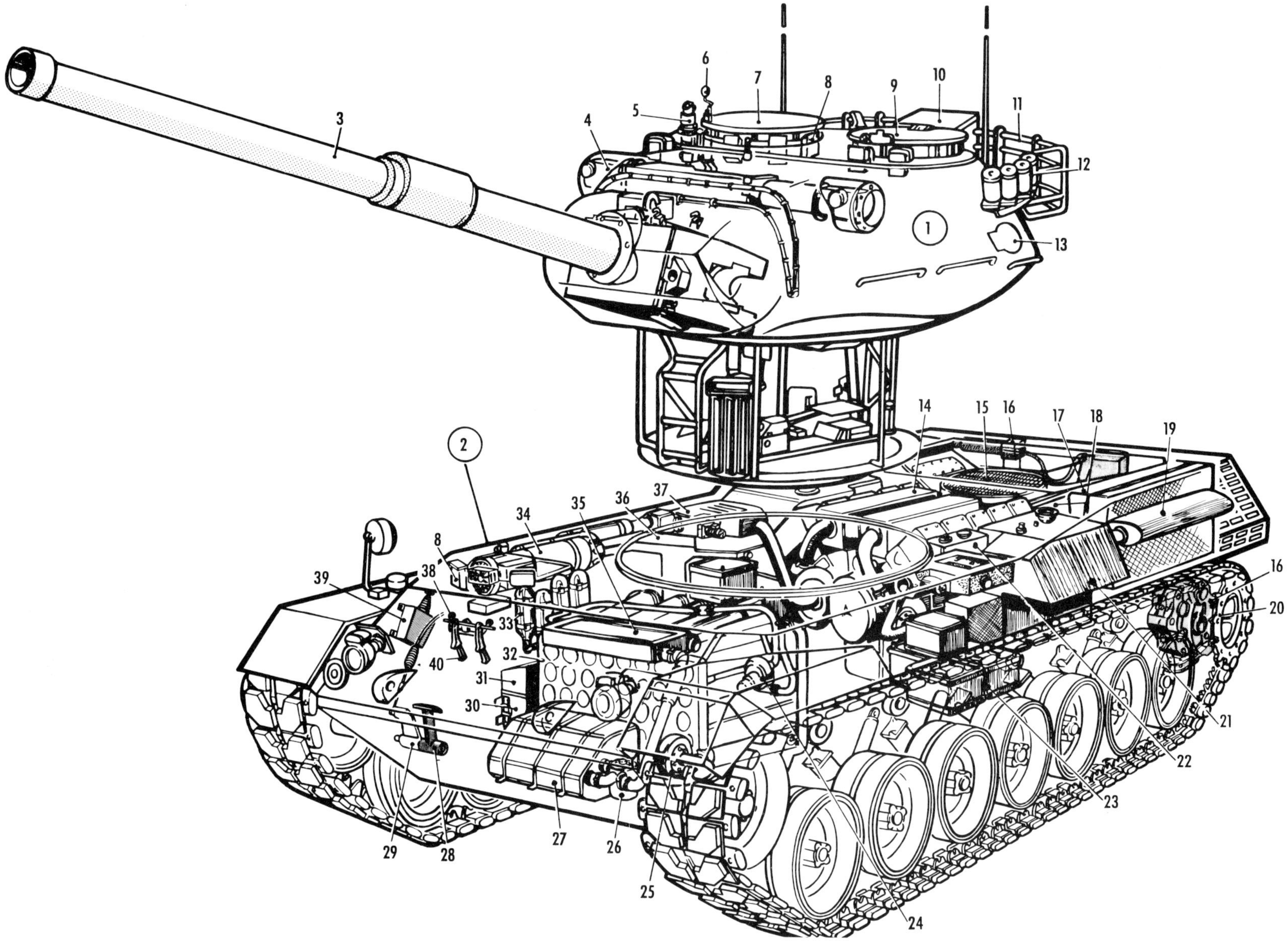

Diese Übersichtszeichnung des Fahrzeuges zeigt alle Hauptaggregate des Kampfpanzers:

1 Turm
2 Wanne
3 Bordkanone 105 mm
4 Entfernungsmesser
5 Pankratisches Rundblickzielfernrohr
6 Lafette Fla-MG
7 Kommandantenluke
8 Winkelspiegel
9 Ladeschützenluke
10 Aufbewahrungskasten für IR-Zielscheinwerfer
11 Heckablage
12 Nebelmittelwurfanlage
13 Munitionsluke
14 Motor
15 Lüfter
16 Bremsanlage
17 Kühler
18 Getriebe
19 Schalldämpfer
20 Triebrad
21 Kraftstoffvorratbehälter
22 Kraftstoffentnahmebehälter
23 Batterien
24 Staubabsaugegebläse (Belüftungs- und ABC-Schutzanlage)
25 Hauptgebläse (Belüftungs- und ABC-Schutzanlage)
26 Umschalthahn (Belüftungs- und ABC-Schutzanlage)
27 Filterteil (Belüftungs- und ABC-Schutzanlage)
28 Bremspedal
29 Fahrpedal
30 Geräteschrank
31 Instrumententafel
32 Munitionshalter
33 Löschmittelflaschen
34 Kühlflüssigkeitsvorwärm- und Luftheizgerät
35 Grobstaubfilter (Belüftungs- und ABC-Schutzanlage)
36 Warmluftkanal
37 Verbrennungsluftfilter
38 Lenkgriff
39 Reihengangschalter
40 Handbremse

Die Wanne des Fahrzeuges wird von der Firma Blohm & Voß AG auf Drehständen aus hochwertigen Stahlblechen zusammengeschweißt.

Die von der Firma A. Teves beigestellten innenbelüfteten Scheibenbremsen entsprechen den Mindestforderungen der StVZO.

Beim Laufwerk wurde auf die bewährte Drehstabfederung zurückgegriffen. Unser Bild zeigt die durch die Einzelradaufhängung mögliche Radausschläge der Laufrollen.

Diese Schemazeichnung zeigt den Gesamtaufbau des Sieben-Rollen-Laufwerkes. Das Antriebsrad liegt hinten.
1 Kettenspannvorrichtung, 2 Stützrolle, 3 Kegelstumpffeder, 4 Stoßdämpfer, 5 Triebrad, 6 Laufrollenschwingarm, 7 Laufrolle, 8 Kette, 9 Leitrad

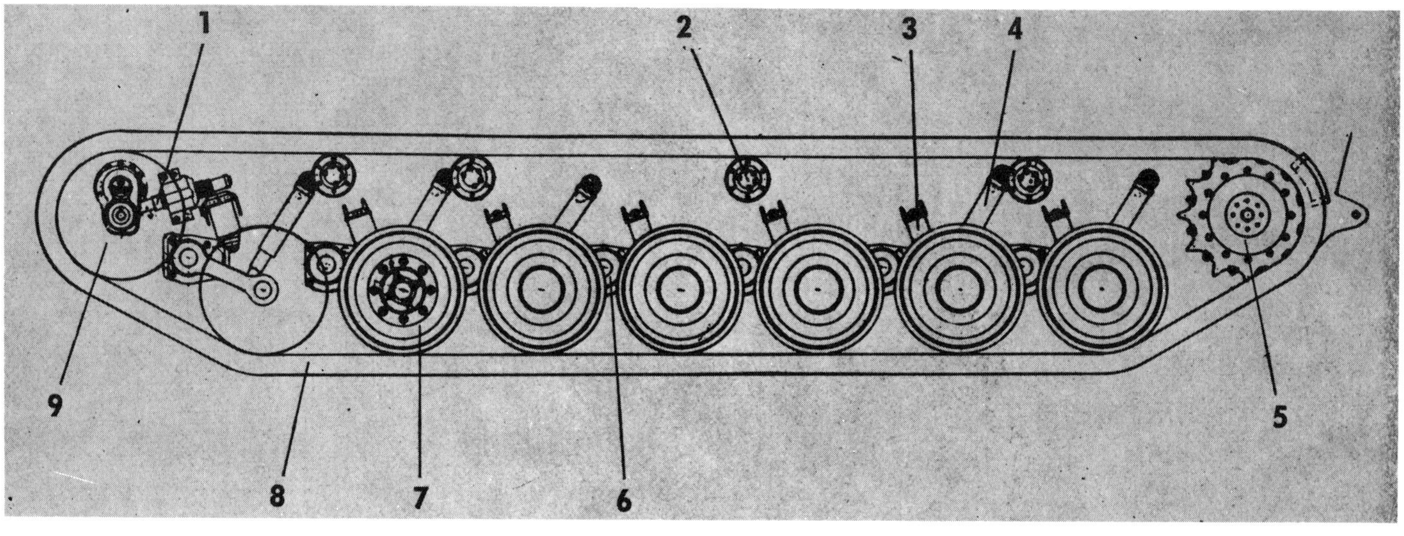

Standfestigkeit zu geben. Dies bewies sich schnell während der »Leopard«-Entwicklung, als die Fahrzeuge der Firmengruppe B auf Grund ihres neu zu entwickelnden Triebwerkes zurückgestellt werden mußten.

Im Gegensatz dazu hatte die Daimler-Benz AG bereits 1952 auf Anregung des kriegstechnischen Amtes der Schweiz die Entwicklung einer Baureihe von Hochleistungsmotoren begonnen, welche für einen neu zu entwickelnden 30-t-Kampfpanzer verwendet werden sollten. Unter anderem verlangte man damals folgende Eigenschaften für diese Motoren:

- hohe Raumleistung
- geringes Gewicht
- Verwendungsmöglichkeit mehrerer Kraftstoffe
- Betriebsbereitschaft unter extremen klimatischen Bedingungen – von den Tropen bis zur Arktis
- hohe Zuverlässigkeit und lange Lebensdauer

Im Februar 1955 lief zum ersten Male der 8-Zylinder »MB 837« auf dem Prüfstand. Bis 1957 hatten die ersten Motoren bereits ca. 4500 Laufstunden hinter sich, davon war ein Motor des Typs »MB 837 Aa« bereits über 1100 Stunden gelaufen. Im Jahre 1957 wurde, im Auftrage des BWB, die konstruktive Entwicklung der 10-Zylinder-Variante »MB 838« begonnen. Die ersten Serienmotoren liefen anfangs 1960. Bis 1970 waren 2900 Motoren des Typs »MB 838 Ca« ausgeliefert.

Da bekanntlich die Motorbeanspruchung und insbesonders die Beanspruchung der Triebwerksteile beim Beschleunigungsvorgang im Fahrzeug anders geartet war als bei reinen Testläufen auf Prüfständen, wurde von seiten der Daimler-Benz AG ein Erprobungsträger gesucht, dessen Getriebe- und Antriebsaggregate eine Leistung von 600 PS zuließen. Dafür stand letztlich ein Kampfpanzer amerikanischer Herkunft von Typ »M 47/Patton« zur Verfügung. Damit wurden die ersten Versuche gefahren. Gegenüber den ursprünglich bei diesen Fahrzeugen eingebauten Vergasermotoren versprach man sich von einem Dieselmotor gleicher Leistung folgende erwähnenswerten Vorteile:

- Nur der Dieselmotor läßt eine Verwendung als Vielstoffmotor ohne wesentlichen Umbau zu.
- Höhere Brandsicherheit.
- Vor allem im Teillastgebiet ganz erheblich besserer spezifischer Verbrauch bei gleicher Motorleistung und gleicher Tankgröße, dadurch gesteigerter Fahrbereich.
- Nimmt man für den Dieselmotor bei Fahrt im leichten Gelände einen mittleren spezifischen

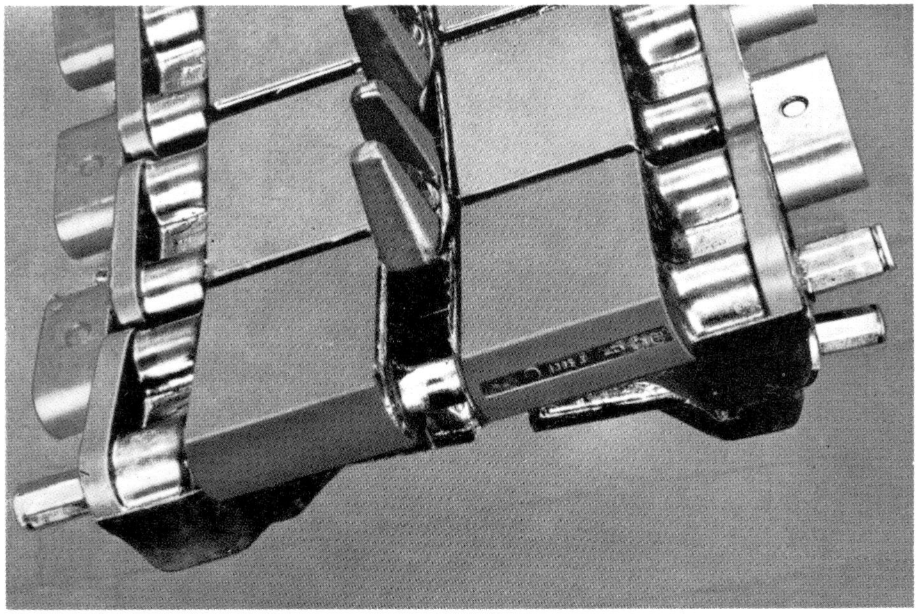

Unser Bild zeigt Einzelheiten der mittelverzahnten Gleiskette des Fahrzeuges.

Vorne im Fahrzeugbug ist die Belüftungs- und ABC-Schutzanlage untergebracht.

Der bei der Motoren- und Turbinen-Union in Großserie gefertigte 10-Zylinder-Mehrbereichsmotor vom Typ „MB 838" hat eine Nennleistung von 830 PS.

Die Ansicht des Motors von vorne rechts oben und hinten links oben.

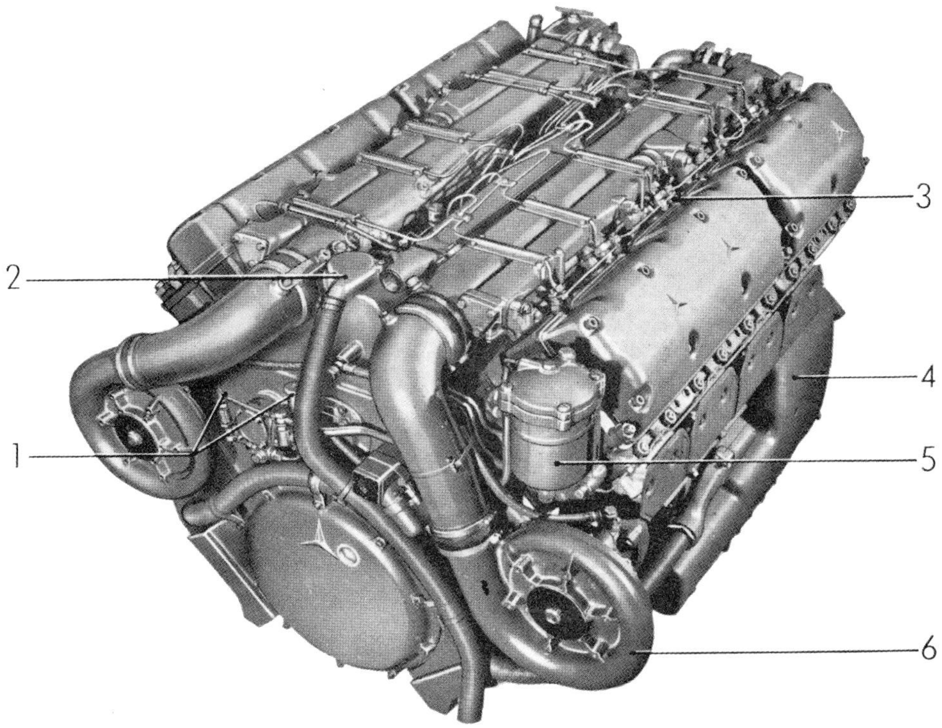

1 Kraftstoff-Förderpumpen
2 Kurbelgehäuse-Entlüftung
3 Glühkerzen
4 Motorenöl-Behälter
5 Kraftstoff-Hauptfilter
6 Lader

1 Kühlwasser-Sammelleitung
2 Ladeluft-Sammelrohr
3 Einspritzpumpe
4 Injektor
5 Auspuff-Sammelrohr
6 Motorenöl-Wärmetauscher
7 Motorenölfilter
8 Öleinfüllstutzen
9 Ölmeßstab

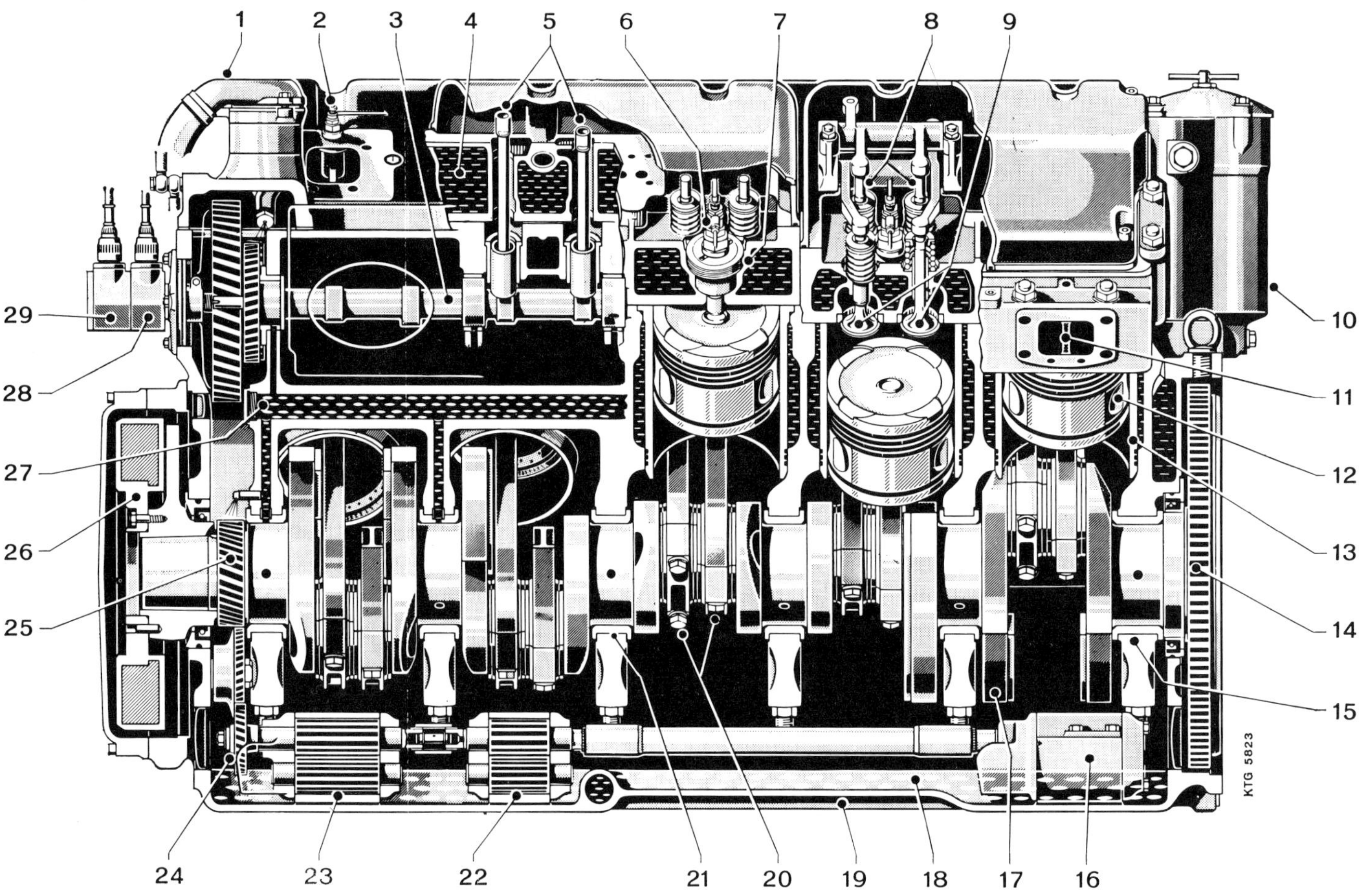

Der Längs- und Querschnitt des Motors MTU „MB 838".

1 Kurbelgehäuse-Entlüftung
2 Glühkerze
3 Nockenwelle
4 Kühlwasserraum im Zylinderkopf
5 Stoßstangen
6 Düsenhalter mit Einspritzdüse
7 Vorkammer mit Brenner
8 Einlaßventile
9 Auslaßventile
10 Motorenölfilter
11 Auslaßkanal
12 Kolben
13 Zylinderlaufbüchse
14 Schwungrad mit Anlasserzahnkranz
15 Kurbelwellenlager (Paßlager)
16 Saugölpumpe hinten
17 Gegengewicht an der Kurbelwelle
18 Motorenöl
19 Ölwanne
20 Pleuel
21 Kurbelwellenlager
22 Druckölpumpe
23 Saugölpumpe vorn
24 Antriebszahnrad für die Ölpumpen
25 Antriebszahnrad für das Rädergetriebe
26 Schwingungsdämpfer
27 Hauptölkanal
28 Geber für elektrische Drehzahlmesser und Warnkontakt für Drehzahlüberschreitung
29 Geber für Anlaß-Sperrschütz

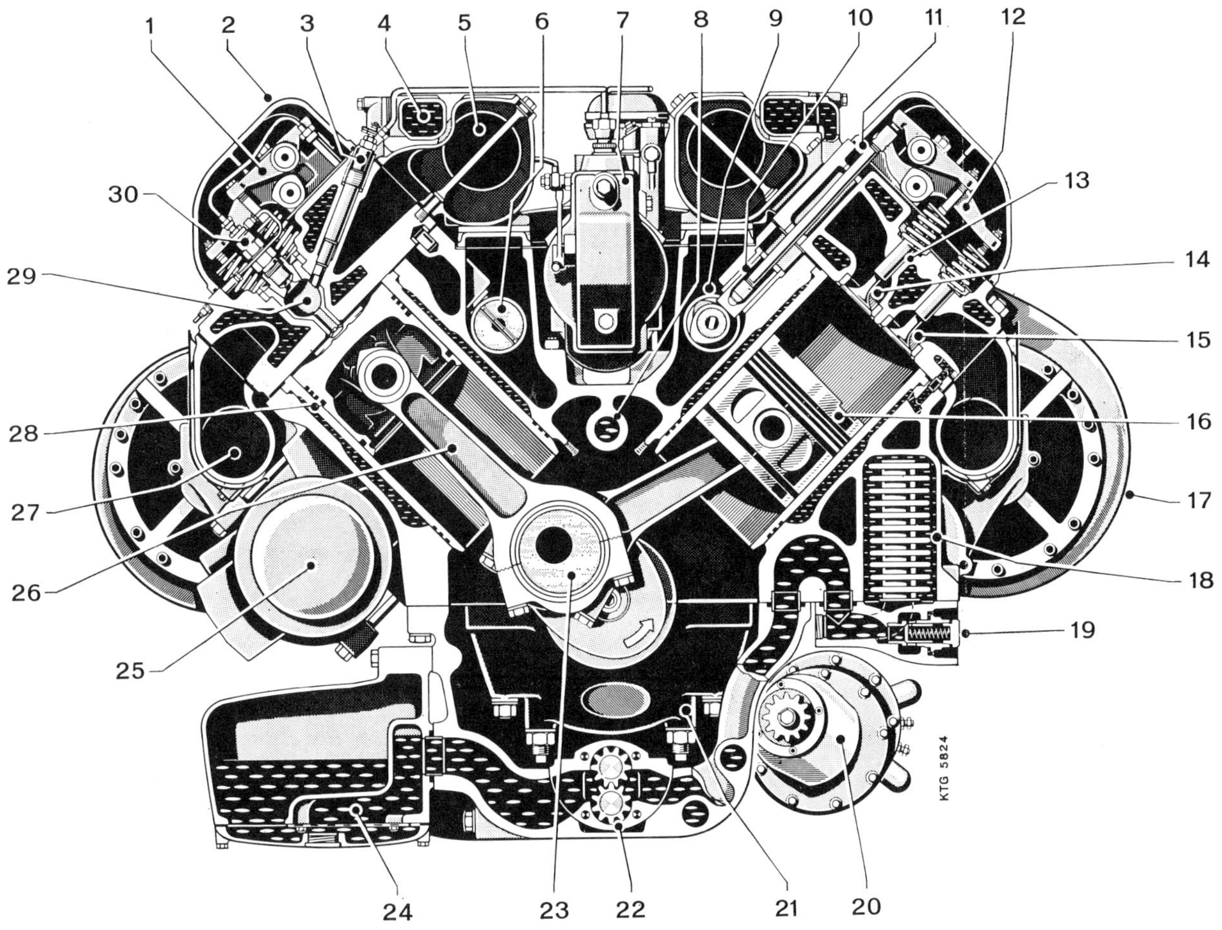

1 Kipphebel für Einlaßventile
2 Zylinderkopfhaube
3 Glühkerze
4 Kühlwasser-Sammelleitung
5 Ansaugluft-Druckrohr
6 Nockenwelle links, Lagerung
7 Einspritzpumpe mit Regler
8 Hauptölkanal
9 Nockenwelle rechts
10 Stößel
11 Stoßstange
12 Kipphebel für Auslaßventile
13 Ventilführung
14 Einlaßventil
15 Auslaßventil
16 Kolben
17 Ladergehäuse rechts
18 Motorenöl-Wärmetauscher
19 Umgehungsventil am Wärmetauscher
20 Anlasser
21 Kurbelwellen-Lagerdeckel
22 Querschnitt durch die Druckölpumpe
23 Kurbelzapfen
24 Motorenölbehälter
25 Lichtmaschine
26 Pleuel
27 Auspuff-Sammelrohr
28 Zylinderlaufbüchse
29 Vorkammer mit Brenner
30 Düsenhalter mit Düse

Das gesamte Triebwerk mit Motor, Getriebe und Kühlergruppe vor dem Einbau in das Fahrzeug.

Verbrauch von 190 g/PS/h und für den Ottomotor einen solchen von 285 g/PS/h an, so folgt daraus, daß pro kp Kraftstoff der Fahrbereich sich um 50 % erhöht. Dabei ist noch zu erwähnen, daß bei gleichem Tankvolumen das mitgeführte Gewicht an Dieselkraftstoff um ca. 10 % höher liegt als das Gewicht des Ottokraftstoffes. Daraus ergibt sich eine Reichweitevergrößerung von ca. 55 %.

Mit entsprechenden Einspritzpumpen (z. B. zunehmende Fördermenge je Arbeitshub bei sinkender Drehzahl) ist bei gleichvolumigen Motoren die Büffelcharakteristik leichter zu erreichen als beim Vergasermotor.

Der Drehmomentanstieg bei abfallender Motordrehzahl gibt bei auftretenden Fahrwiderständen, besonders bei größeren Steigungen und beim Anfahren, ein besseres Fahr- und Beschleunigungsverhalten.

Bezüglich Überlastbarkeit eignet sich der Dieselmotor besonders für einen Betrieb, bei dem die Maximalleistung über längere Zeit verlangt wird. Er ist auch bezüglich der Wärmeverhältnisse im Einbauraum weitgehend unempfindlich.

Bei den Motoren der Daimler-Benz-Baureihe »MB 833/837/838« handelte es sich um stehende, wassergekühle Viertakt-Dieselmotoren mit 6, 8 bzw. 10 Zylindern. Das für den Kampfpanzer »Leopard« ausgewählte Triebwerk war der kompakt gebaute Typ »MB 838 Ca-M 500«, der bei 37,4 l Gesamthubraum eine größte Nutzleistung von 830 PS aufwies. Das Triebwerk konnte auf Mehrstoffbetrieb umgestellt werden, was sich jedoch erst später während der Produktion verwirklichen ließ.

Die Aufladung der in V-Form um 90° gegeneinander geneigten Zylinder erfolgt durch mechanisch angetriebene Ladegebläse, die jeweils auf eine Zylinderreihe wirken.
Das geteilte Zylinderkurbelgehäuse sowie die Einzelzylinderköpfe sind aus vergütetem Leichtmetall hergestellt. Das Zylinderkurbelgehäuse ist vorn als Räderkasten ausgebildet, von dem aus die beiden Nockenwellen, die Einspritzpumpe und alle Aggregate über schrägverzahnte Stirnräder angetrieben werden. Die nassen Zylinderlaufbuchsen werden von der Kühlflüssigkeit umspült.
Am Boden des Kurbelgehäuseunterteiles sind die beiden Saugpumpen und die Druckpumpe für das Motoröl befestigt. Der Ölbehälter befindet sich außen an der linken Seite des Kurbelgehäuseunterteils.
Die aus Stahl geschmiedete Kurbelwelle ist sechsfach gelagert, wobei das hintere Lager als Paß- und Führungslager ausgebildet ist. Der Massenausgleich erfolgt durch Gegengewichte. Die Drehschwingungen werden von einem Flüssigkeitsdämpfer aufgenommen. Die schräggeteilten Pleuelstangen zweier gegenüberliegender Zylinder sind paarweise nebeneinander auf einem Pleuelzapfen der Kurbelwelle gelagert und können nach oben durch die Zylinderlaufbuchsen ausgebaut werden. Die Leichtmetallkolben sind mit je 3 Kompressions- und 2 Ölabstreifringen versehen.
Die Einzelzylinderköpfe schließen die zentrale Vorkammer ab, wo neben der Einspritzdüse und der Glühkerze noch 2 Einlaß- und 2 Auslaßventile untergebracht sind, die über Kipphebel und Stößelstangen von der Nockenwelle betätigt werden.
Im V-Raum zwischen den Zylinderreihen ist die Einspritzpumpe (Typ Bosch PE 10) mit angebautem Regler angebracht. In ihrem Antriebszahnrad im Räderkasten ist der Spritzversteller eingebaut.
Zum Vorverdichten der Verbrennungsluft sind rechts und links vom Räderkasten Ladegebläse vorhanden. Es sind einstufige Radialgebläse, deren elastischer Antrieb über Kugel-Fliehkraftkupplungen vom Generator- bzw. Kühlflüssigkeitspumpenantrieb über je ein Übersetzungsgetriebe erfolgt.
Der Motor hat eine Trockensumpf-Druckumlaufschmierung. Das Öl wird durch eine Druckpumpe aus dem Ölbehälter gesaugt und dann über den Motorölwärmetauscher und das Motorölfilter in den Hauptölkanal gedrückt, von wo es an alle Schmierstellen des Motors und der angebauten Aggregate gelangt. Das abtropfende Öl wird in der Ölwanne im Ölsumpf gesammelt, durch die Saugpumpen vorn und hinten aufgesaugt und in den Ölbehälter gedrückt. Dadurch wird auch bei starker Schräglage ein sicherer Ölkreislauf gewährleistet.
Das Motorölfilter ist ein Kombinations- bzw. Stufenfilter. Größere Verunreinigungen werden von einem Spaltfilter zurückgehalten. Die weitere Reinigung erfolgt durch ein Feinfilter (Papierpatrone), das ringförmig um das Spaltfilter angeordnet ist.
Die Teile der Kraftstoffanlage am Motor sind mit schnell lösbaren Steckkupplungen an die Zu- und Rücklaufleitung des Entnahmebehälters angeschlossen.
Von der Förderpumpe wird Kraftstoff aus dem Entnahmebehälter angesaugt und durch das Hauptfilter zum Saugraum der Einspritzpumpe gedrückt. Über die Pumpenelemente gelangt dann die benötigte Kraftstoffmenge über Druckleitungen und Einspritzdüsen in die Zylinder des Motors.
Der zuviel geförderte Kraftstoff fließt vom Saugraum der Einspritzpumpe über eine Rücklaufleitung wieder in den Entnahmebehälter zurück. Durch einen in die Rücklaufleitung eingebauten Injektor, in dem die Leckkraftstoffleitung von den Einspritzdüsen mündet, wird ein Unterdruck in der Leckkraftstoffleitung erzeugt, der verhindert, daß bei Undichtigkeit Kraftstoff an den Anschlußstellen der Düsen auslaufen kann. Durch die Injektordüse wird gleichfalls der Kraftstoffrücklauf in der Rücklaufleitung stark gedrosselt, so daß im Saugraum der Einspritzpumpe ein relativ hoher Kraftstoffdruck entsteht. Dieser hohe Druck wirkt der Dampfblasenbildung in der Einspritzpumpe entgegen.
Angesaugte oder sich bildende Luft- oder Dampfblasen werden schon vorher aus dem Kraftstoff-Filter selbsttätig durch eine Bohrung im Filterdeckel über eine Entlüftungsleitung ausgeschieden. Nicht ausgeschiedene Luftblasen gelangen aus dem Saugraum in den Rücklauf. Daher kann auf Entlüftungsschrauben an Kraftstoff-Filter und der Einspritzpumpe

verzichtet werden. Zum Entlüften und Füllen der Kraftstoffanlage genügt die Betätigung der elektrischen Förderpumpe, mit der alle Luft- und Dampfblasen aus dem Filter- und Saugraum herausgedrückt werden. Der Kraftstoff wird durch ein Zweistufenfilter gefiltert. Es besteht aus einem Filzrohreinsatz für gröbere Verunreinigungen und dem Feinfilter (Papierfilter).

Die Schmierung der Einspritzpumpe und des Reglers erfolgt über den Motorölkreislauf, wodurch Ölstandkontrollen an der Einspritzpumpe und dem Regler entfallen. Das über ein Aufstoßventil zugeführte Motoröl fließt durch einen Überlauf wieder in den Motor zurück.

Die Kühlung des Motors erfolgt durch einen geschlossenen Kühlflüssigkeitskreislauf, der mit einem Überdruckventil abgesichert ist. Damit beim Abkühlen der Anlage kein unzulässiger Unterdruck entstehen kann, ist zusätzlich ein Unterdruckventil vorhanden.

Die Kühlflüssigkeit wird durch eine Kühlflüssigkeitspumpe über den Motoröl-Wärmetauscher in die Kühlräume der Zylinder gedrückt, steigt zu den Zylinderköpfen auf und gelangt in einer für jede Zylinderreihe angeordnete Abfluß-Sammelleitung. Über einen Kurzschlußthermostaten gelangt schließlich die Kühlflüssigkeit in die beiden parallel geschalteten Kühler. Am Kurzschlußthermostaten ermöglicht eine Kurzschlußleitung die Umgehung der Kühler, solange die Kühlflüssigkeit die Betriebstemperatur von 80° C noch nicht erreicht hat.

Durch den Getriebeöl-Wärmetauscher und den Gleichrichter für den Drehstrom-Generator gelangt die Kühlflüssigkeit über den Injektor, der eine erwünschte Druckerhöhung der Kühlflüssigkeit vor der Kühlflüssigkeitspumpe ermöglicht, wieder zur Kühlflüssigkeitspumpe.

Der Ausgleichsbehälter ist am hinteren Ende der rechten Motorseite befestigt und mit dem Kühlsystem durch Entlüftungs- und Auffülleitungen verbunden. Er ermöglicht die Ausdehnung der Kühlflüssigkeit bei der Erwärmung und speichert einen Kühlflüssigkeitsvorrat. Zwei eingebaute Tauchrohrschalter überwachen den Flüssigkeitsstand.

Innerhalb des Luftführungskastens befindet sich der Regellüfter, der über eine hydrodynamische Regelkupplung durch einen Kegelantrieb vom Getriebe angetrieben wird. Ein Lüfterthermostat (Wachsthermostat), zwischen Kühlflüssigkeitsthermostat und Kühler eingebaut, regelt den Einsatz und die Drehzahl des Lüfters in Abhängigkeit von der Kühlflüssigkeitstemperatur.

Die Motor- und Getriebeöl-Wärmetauscher wärmen nach dem Anlassen das kalte Öl durch die sich schneller erwärmende Kühlflüssigkeit an; im Betrieb und bei starker Belastung wird das Öl von der Kühlflüssigkeit gekühlt. Bei niedrigen Außentemperaturen (unter −18° C) kann die Kühlflüssigkeit des Vorwärmekreislaufes im Wärmetauscher des Heizgerätes vorgewärmt werden. Eine Rückschlagklappe, welche zwischen Kühler und Kühlflüssigkeitspumpe eingebaut ist, verhindert den Ablauf der angewärmten Kühlflüssigkeit in den Kühler. Die Klappe öffnet nur in Richtung über den Kühlerkreislauf des Motors. Bei extremer Kälte kann zur Erleichterung des Anlaßvorganges der Motor durch eine mechanische Trennkupplung vom Getriebe getrennt werden.

Die elektrische Anlage arbeitet mit 24 Volt Gleichstrom und ist entstört. Das Laden der Batterien (acht 12-Volt-Batterien, die in vier Gruppen parallel geschaltet sind) erfolgt durch einen Drehstrom-Generator mit gekühltem Gleichrichter und einer Leistung von 9 kW.

Zum Ein- und Abschalten der gesamten elektrischen Anlage – mit Ausnahme der Feuerlöschanlage, die immer unter Spannung steht – ist ein Batteriehauptschalter vorgesehen.

Alle zum Motor gehenden Leitungen sind durch Mehrfach-Steckverbindungen leicht zu trennen. Abstellmagnet, Warnleuchten und die Anzeigeinstrumente (außer Drehzahlmesser, der nicht mit Batteriestrom arbeitet) sind abgesichert. Zur Erreichung einer hohen Betriebssicherheit sind in der Vorglühanlage die Glühkerzen parallel geschaltet. Daher bleibt auch beim Ausfall einer oder mehrerer Glühkerzen die übrige Vorglühanlage funktionsfähig. Je ein Glühüberwacher ist für die Glühkerzen einer Zylinderreihe vorhanden. Zum Schutz des Anlassers (Typ Bosch AL/FTF-15 PS), der in Fahrtrichtung hinten rechts am Motor angebracht ist, ist ein Anlaß-Wiederholrelais und ein Sperrschütz eingebaut. Das Anlaß-Wiederholrelais wiederholt den Einspurvorgang des Anlasserritzels in den

Zahnkranz des Motors so lange, bis ein Ineinandergreifen der Zähne erfolgt. Ein Einschalten des Anlassers in den drehenden Motor wird durch den Sperrschütz verhindert.

Das Getriebe »4 HP-250« der Zahnradfabrik Friedrichshafen ist ein kombiniertes Schalt- und Lenkgetriebe, das für eine Antriebsleistung von 830 PS bei 2200 U/min (bzw. 270 mkp) ausgelegt ist. Es ist ein Planetengetriebe mit 4 elektro-hydraulisch geschalteten Vorwärts- und 2 Rückwärtsgängen. Ein hydrodynamischer Drehmomentwandler mit Überbrückungskupplung ist vorgeschaltet. Die Lenkung wird durch ein zweistufiges Überlagerungslenkgetriebe, das die Summierungsgetriebe am Abtrieb mit verschiedenen Drehzahlen und Drehrichtungen antreibt, erreicht.

Vom Radius »unendlich« bis zum festgelegten großen festen Radius erfolgt eine stufenlose Drehzahlregelung, während im kleinen Radius ein festes Drehzahlverhältnis besteht.

Das Getriebe besteht aus folgenden Baugruppen:

a) Wandlervorgelege
b) Drehmomentwandler mit Überbrückungskupplung
c) Wendegetriebe zur Drehrichtungsumkehr
d) 4-Gang-Schaltgetriebe
e) 2-Radien-Überlagerungs-Lenkgetriebe

Das kombinierte Schalt- und Lenkgetriebe „4 HP-250“ der Firma Zahnradfabrik Friedrichshafen AG.

f) Summierungsgetriebe am Abtrieb
g) Seitenvorgelege

Das Wandlervorgelege treibt das Pumpenrad des Drehmomentwandlers an. Gleichfalls werden von diesem Wandlervorgelege die Antriebe der Ölpumpen, der Lenkung, des Lüfters, des Nebenantriebes und des Bremspumpenantriebes abgenommen.

Der Wandler stellt ein stufenloses Getriebe dar. Das Drehmoment steigert sich selbsttätig beim Absinken der Fahrgeschwindigkeit. Steht der Abtrieb, so wird vom Wandler das höchste Drehmoment abgegeben. Das Motordrehmoment wird bei dem verwendeten Wandler bis auf das 2,8fache gesteigert.

Dem Drehmomentwandler ist ein Wendegetriebe nachgeschaltet, bestehend aus einem Doppelplanetensatz, einer umlaufenden Lamellenkupplung für gleiche Drehrichtung und einer feststehenden Lamellenbremse zur Drehrichtungsumkehr.

Bei dem Schaltgetriebe in Planetenbauweise sind die Hohlräder der Planetensätze im 1., 2. und 3. Gang wechselweise durch öldruckbetätigte Lamellenbremsen am Getriebekörper festgehalten. Für den 4. Gang ist eine Lamellenkupplung vorhanden, die durch Öldruck betätigt wird. Die einzelnen lastschaltbaren Kupplungen vom Wende- bzw. Schaltgetriebe werden über elektromagnetische Steuerschieber mit Öl betätigt.

Das 2-Radien-Überlagerungs-Lenkgetriebe mit 4 hydraulisch betätigten Lamellenkupplungen liegt parallel zur Achse des Drehmomentwandlers und Schaltgetriebes. Es setzt sich aus zwei Stabilisierungskupplungen zusammen sowie zwei Kupplungen für die Drehzahländerungen im Summierungsgetriebe. Der Freilauf ermöglicht, ohne Zugkraftunterbrechung vom großen auf den kleinen Radius überzugehen. Die Steuerung der Lenkgetriebekupplungen erfolgt über einen Axialschieber, der vom Lenkrad aus durch ein Lenkgestänge betätigt wird.

In den beiden Summierungsgetrieben am Abtrieb wird die Lenkleistung der Vortriebsleistung überlagert. Die Seitenvorgelege sind als Planetentrieb ausgebildet und fest mit der Fahrzeugwanne verbunden. Die Anflanschung der Seitenvorgelege erfolgt mittels Schiebemuffen.

Bei einer Vorgelegeuntersetzung von 3,8 ergibt sich

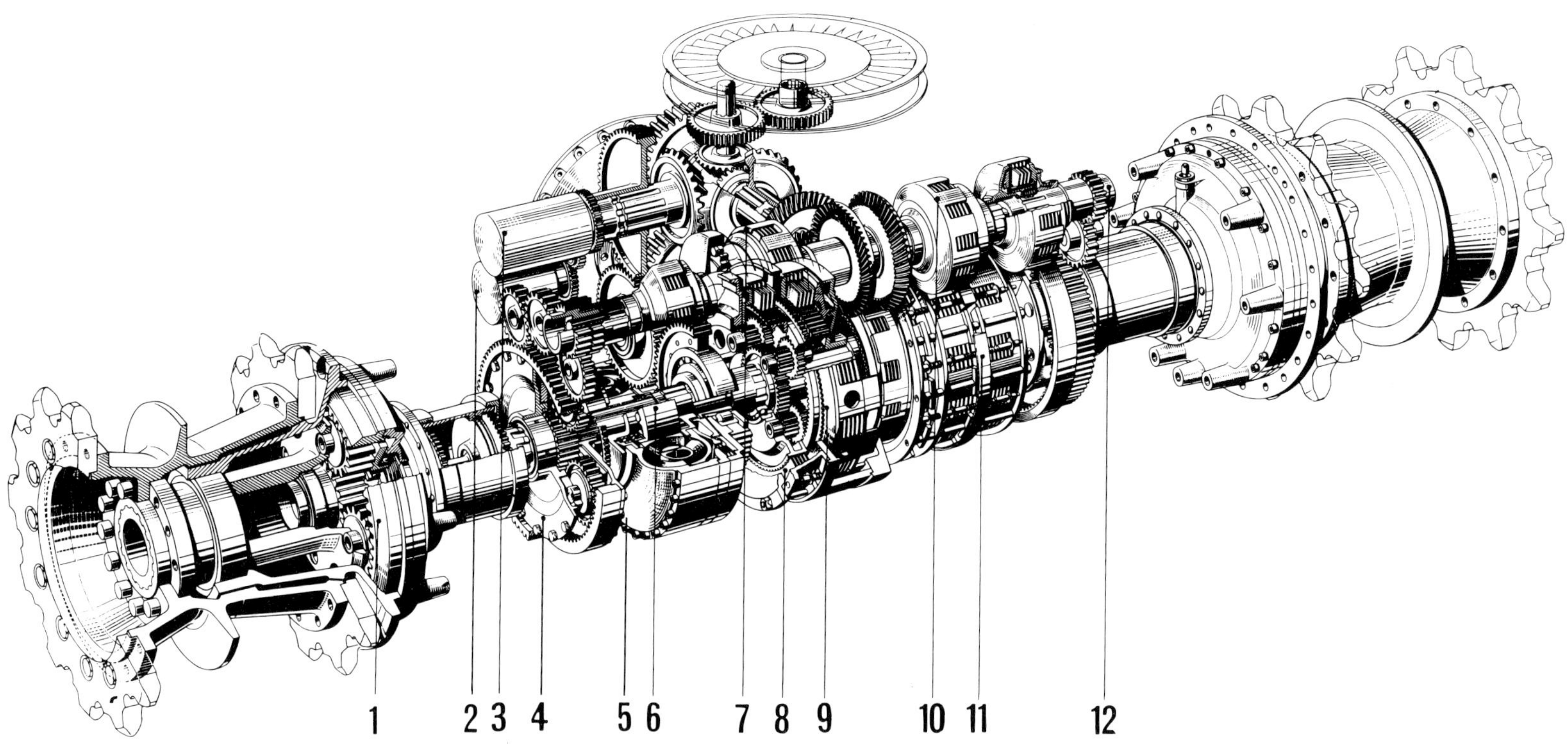

Der Aufbau des Schalt- und Lenkgetriebes mit angeflanschten Seitenvorgelegen.

1 Seitenvorgelege, 2 Wandlerpumpe, 3 Druckpumpen, 4 Summierungsgetriebe, 5 Drehmomentwandler, 6 Wandlerfreilauf, 7 Kupplung großer Radius, 8 Wendegetriebebremse — R, 9 Wendegetriebekupplung — V, 10 Kupplung kleiner Radius, 11 4-Gang Planeten-Schallgetriebe, 12 Lenkwelle

für den 39,6 t schweren »Leoparden« eine Höchstgeschwindigkeit von 64 km/h.
Die Hauptbewaffnung des »Leoparden« ist in einem Gußstahl-Drehturm untergebracht, welcher eine Panzerstärke bis zu 60 mm aufweist. Obwohl konventionell in seinem Aufbau, verbindet dieser Turm in Formgebung und Raumausnutzung zeitgemäßen Fortschritt. Der passive Schutz des Fahrzeuges wurde durch diesen Entwurf weitgehend erhöht, vor allem in Hinblick auf die Trefferanfälligkeit des Drehturmes, welcher nach russischen Ermittlungen während des Zweiten Weltkrieges bis zu 45% aller Treffer aufnahm. Der Unterbringung der Turmbesatzung, nämlich des Kommandanten, des Richt- und des Ladeschützen, wurde besondere Bedeutung zugemessen. Durch Anwendung der letzten Erfahrungen in der Anthropotechnik wird der Besatzung die Möglichkeit gegeben, auch längere Kampfeinsätze, selbst im völlig geschlossenen Panzer, zu überstehen. Ein Vergleich der Turmgewichte und der Standhöhe innerhalb des Turmes einzelner bekannter Kampfpanzer zeigt die Überlegenheit des Wegmann-Turmes

	Leopard	M 48	M 60	Chieftain
Turmgewicht (t)	9	12	14	15
Standhöhe (mm)	1770	1740	1770	1735

Die Halbeiform des Turmes, wegen seiner geschoßabweisenden Form besonders vorteilhaft, wird lediglich durch die Ausbauten für den Entfernungsmesser unterbrochen. Die Anzahl der An- bzw. Aufbauten wurde möglichst gering gehalten, so wurde sogar auf eine Kommandantenkuppel verzichtet. Auch die Turmblende wurde trotz ihres etwas ungeschickten Aussehens vorteilhaft entwickelt, denn die tatsächliche Blendenöffnung konnte sehr schmal gehalten werden. Die seitlich um die Schildlagerzapfen herumgezogene Panzerung erhöht den Schutz des Turmes. Zwei Dachluken, eine beim Kommandanten, die andere beim Ladeschützen, dienen dem Ein- und Ausstieg der Turmbesatzung. Die Deckel selbst sind federunterstützt und leicht bedienbar. In der linken Turmseitenwand ist eine von innen zu betätigende Munitionsluke vorgesehen. Der Turm ist gas- und wasserdicht, da der Überdruck im Kampfraum ein Eindringen ausschließt. Der Schwerpunkt des Drehturmes liegt dicht an der Schwenkachse, um die Beweglichkeit auch bei höherer Geschwindigkeit und allen Schräglagen sicherzustellen. Die von der Firma Rheinmetall umgebaute Hauptbewaffnung konnte auf einen Gewichtsausgleicher verzichten. Dadurch wurde der Schwerpunkt der höhenrichtbaren Teile praktisch zur Schildzapfenachse verlegt. Eine Stabilisierung der Waffenanlage wurde so weitgehend vorbereitet.

Die Hauptbewaffnung des »Leoparden« ist die vom »Centurion« und M 60 her bekannte englische Hochleistungskanone mit einem Kaliber von 105 mm bei einer Kaliberlänge von L/51. Die Kanone hat einen Horizontal-Flachkeilverschluß, welcher eine hohe Feuergeschwindigkeit ermöglicht. Bei einem Horizontal-Schwenkbereich von 360° ergeben sich Höhenrichtbereiche von –9° bis +20°.

Drei panzerbrechende Munitionsarten sind vorhanden, von denen eine auch als Explosionsgeschoß verwendet werden kann. Damit können alle anfallenden Ziele unter allen Kampfentfernungen wirkungsvoll bekämpft werden.

Die gegenüber anderen Fahrzeugen mit gleicher Bewaffnung längere Führung des Rohres ermöglicht bei mittleren Kampfentfernungen eine schnelle Zielerfassung und Feuereröffnung auch ohne Hilfe des E-Messers. Eine hohe Treffsicherheit ist gewährleistet. Die noch bei den Fahrzeugen »Panther« und »Tiger« vorhandene Trennung der Rohrbremse in einen Brems- und einen Vorholerzylinder entfällt nunmehr. Die Bremskraft wird auf zwei Bremszylinder verteilt. Die Vorholerkraft wird von einem getrennten Zylinder aufgenommen. Der Vorholer selbst wird pneumatisch betätigt. Um dem verhältnismäßig hohen Rohrverschleiß moderner Hochleistungskanonen Rechnung zu tragen, wurde der schnellen Austauschbarkeit des Rohres besondere Aufmerksamkeit gewidmet. Der durchschnittliche Zeitbedarf für diese Arbeit liegt bei ca. 15 Minuten.

Links neben der Hauptbewaffnung ist ein koaxial gelagertes 7,62-mm-MG 1 eingebaut. Weiterhin ist ein Fla-MG gleicher Art vorhanden, welches wahlweise vom Kommandanten oder vom Ladeschützen bedient werden kann. Dafür sind beide Turmluken mit Ringschienen und Unterlafetten versehen. Das Fla-MG ist um 360° schwenkbar und hat einen Höhenrichtbereich von –15° bis +75°.

Die Richtanlage, eine elektrohydraulische Anlage der Firma Feinmechanische Werke Mainz GmbH, erlaubt eine hohe Schwenkgeschwindigkeit, eine Übersteuerungsmöglichkeit des Richtschützen durch den Kommandanten zur schnelleren Zielerfassung und beinhaltet verschiedene Sicherungsvorrichtungen zum Schutz der Anlage.

Im Jahre 1967 waren die Vorbereitungen abgeschlossen, die Waffenanlage des »Leoparden« mit einer Cadillac-Gage-Stabilisierung zu versehen, mit der auch alle bereits vorher gelieferten Fahrzeuge ausgerüstet werden. Dazu kam noch eine elektronische Datenverarbeitungsanlage sowie eine verbesserte Optik. Mit diesen Verbesserungen ist es dem Fahrzeug möglich, auch während des Fahrens Ziele zu erfassen und zu bekämpfen. Der ursprünglich um DM 928 000 liegende Stückpreis erhöhte sich dadurch auf fast DM 1,1 Millionen.

Um dem Kommandanten größtmögliche Bewegungsfreiheit in bezug auf Führungs- und Feuerleitaufgaben zu gewähren, ermöglichte man ihm eine lückenlose Rundumsicht mittels acht Winkelspiegeln. Der Richtschütze hat einen und der Ladeschütze zwei weitere dieser Spiegel zur Verfügung. Ferner steht dem Kommandanten ein pankratisches Rundblickfernrohr (Hersteller Steinheil-Lear Siegler AG, Ismaning) zur Verfügung, welches er als Entfernungsermittlungsgerät und als Zieleinrichtung verwenden kann. Es ist unabhängig von der Drehrichtung des Turmes. Dadurch

Die aus Großbritannien bezogene Hauptbewaffnung des Fahrzeuges mit Einzelheiten der sich im Drehturm befindlichen Aggregate.

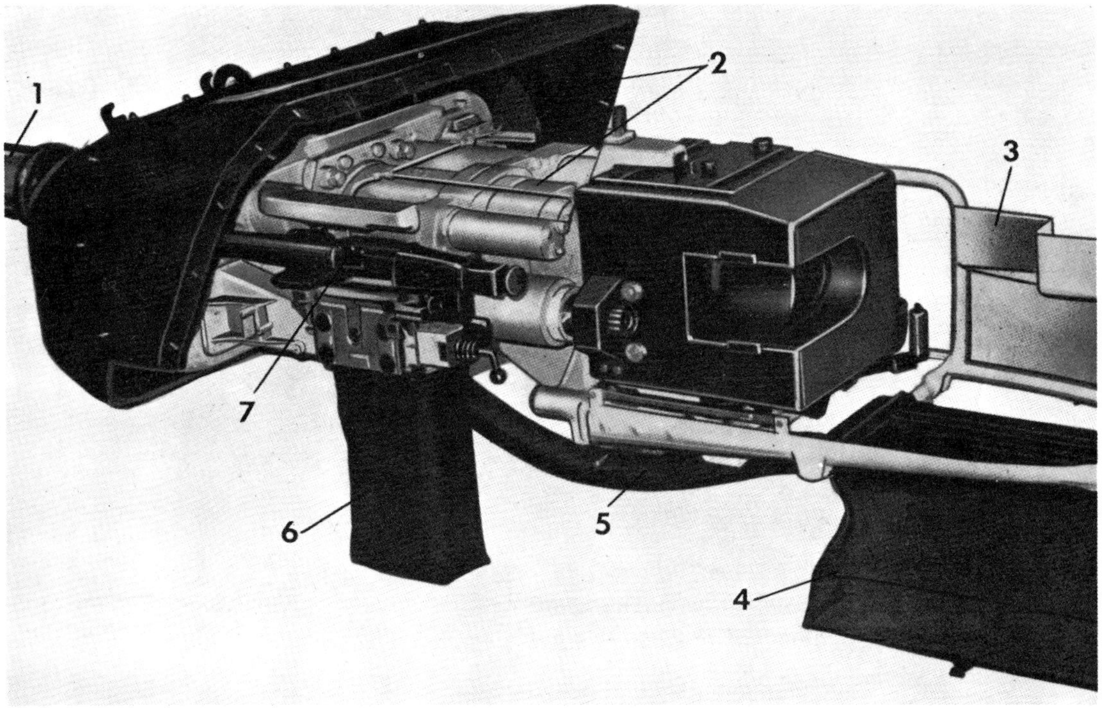

1 Bordkanone
2 Wiege mit Blende
3 Abweiser
4 Hülsensack (Kanone)
5 Rauchabzugsanlage
6 Hülsensack (MG)
7 Blenden-MG mit elektrischer Abfeuerung

wird die Zielerfassung vereinfacht, indem der Kommandant durch Übersteuerung den Richtschützen an ein neues Ziel heranführen kann. Der bereits erwähnte Entfernungsmesser hat eine Basislänge von 1720 mm bei 16facher Vergrößerung.

Als zweite Zieleinrichtung steht dem Richtschützen, neben dem E-Messer, ein monokulares Fernrohr mit 8facher Vergrößerung, das sogenannte Turmzielfernrohr, (Hersteller Carl Zeiss,Oberkochen) zur Verfügung. Eine Feuerblende, die beim Abschuß der Bewaffnung für 0,25 sek die betreffende Optik verschließt, verhindert eine Blendung der Besatzung. Ein indirektes Richtverfahren ist möglich.

Am Turmheck befindet sich neben der Ablagemöglichkeit ein Aufnahmebehälter für den Infrarot-Zielscheinwerfer, der auch im Weißlichtbereich arbeitet. Zusammen mit dem Infrarot-Zielfernrohr, welches anstelle des Kommandanten-Rundblickfernrohres in dessen Halterung gesetzt werden kann, ermöglicht er Zielerfassung und Kampf bei Nacht.

Die als Sonderausrüstung für alle gepanzerten Fahrzeuge der Bundeswehr benützte Nebelwurfanlage ist beim »Leoparden« in je zwei Gruppen von je vier Wurfbechern an beiden Seiten des Turmes angebracht. Sie ist fächerförmig gestaltet und kann entweder in Gruppen oder nacheinander elektrisch gezündet werden.

Die Turmdurchbrüche für Optik und Bewaffnung sind in Marschfahrt durch Gummistopfen verschlossen. Durch Drehung des Turmes werden sie herausgerissen, um den Panzer gefechtsklar zu machen. Vor dem Drehturm ist ein Geschoßabweiser aufgeschweißt.

An Munition werden 63 Schuß Munition für die Hauptbewaffnung mitgeführt. 5500 Schuß MG-Munition stehen zur Verfügung.

Zwei Kraftstoffbehälter (Hersteller Luther-Werke, Braunschweig) fassen zusammen 1010 l Treibstoff. An Fernmeldegeräten, die sich schon im Zweiten Weltkrieg als das »Ohr« der Truppe bewiesen hatten, standen zu Beginn der »Standard«-Panzer-Entwicklung fast ausschließlich solche amerikanischen Ursprungs zur Verfügung. Einer der größten Nachteile dieser Geräte war ihr geringer Frequenz-Überdeckungsbereich. Die durch die Firma Standard Elektrik Lorenz neuent-

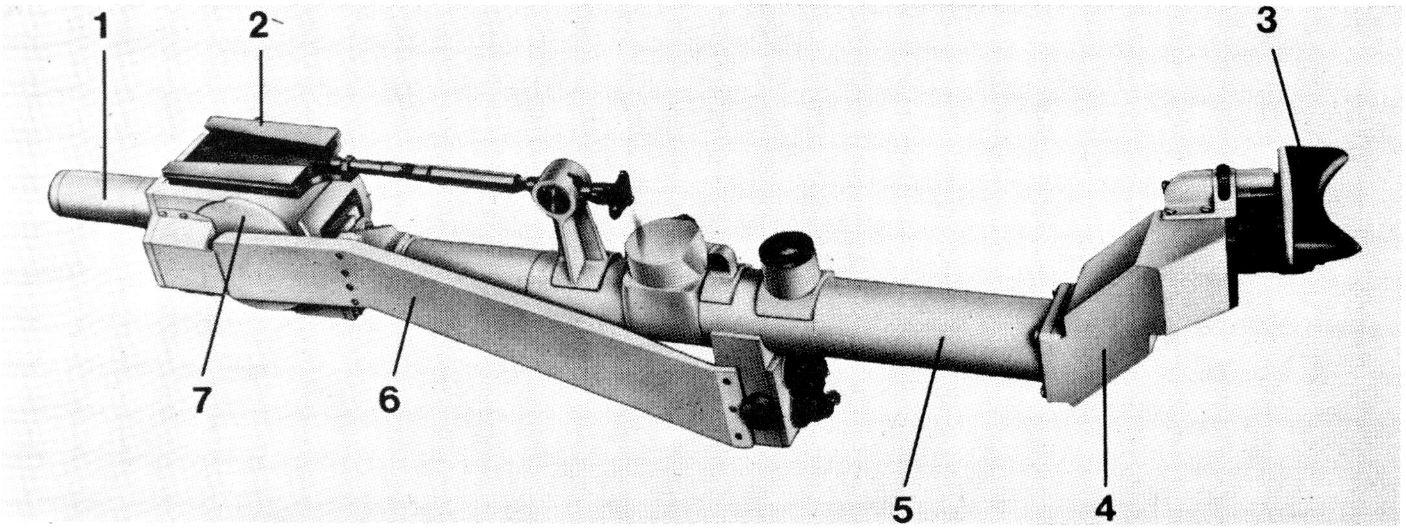

Das von der Firma Carl Zeiss gelieferte monokulare Fernrohr mit 8facher Vergrößerung, auch Turmzielfernrohr TZF 1 A genannt.

1 Objektivstutzen
2 Befestigungsschwalbe
3 Stirnstütze
4 Okulararm
5 Rohr
6 Schutz für Gelenkwellen
7 Gelenk

Das ebenfalls im Drehturm untergebrachte Fernmeldegerät SEM 25 der Firma Standard-Elektrik-Lorenz.

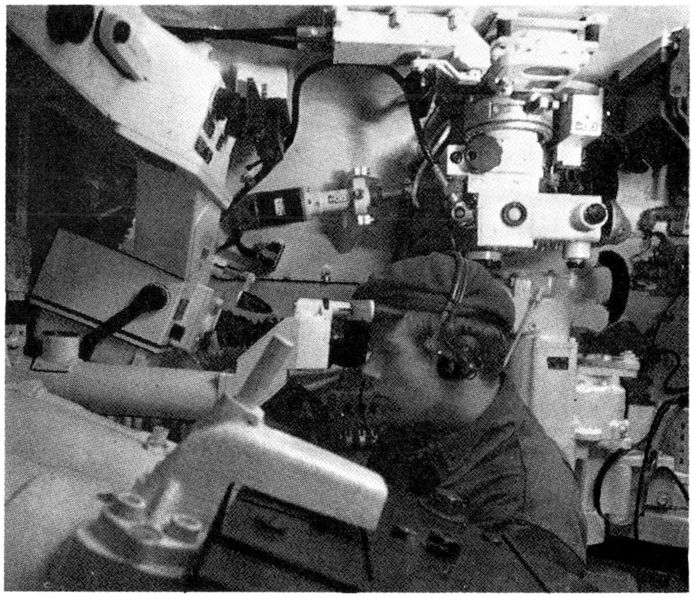

Unser Bild zeigt das Innere des Kampfraumes mit dem Richtschützen.

Alle größeren Aggregate werden von Zulieferfirmen in fast komplettem Zustand an die Firma Krauss-Maffei geliefert und dort zusammengebaut. Unser Bild zeigt Wannen und Drehtürme vor der Auflage auf das Band.

wickelte zweite Gerätegeneration (Typenbezeichnung SEM 25) war als mobiles Funkgerät für die vordere Kampfzone ausgelegt. Beim Kampfpanzer »Leopard« besteht diese Fernmeldeanlage aus zwei Sendeempfängern, die auf je einer Antenne arbeiten. Mittels Kehlkopfmikrofon, Kopfhörern und Umschaltkasten kann der Funkverkehr im Wechselsprechverfahren abgewickelt werden. Ein Bordsprechkreis ermöglicht die Eigenverständigung der Besatzung. Ferner ist ein Ortsbesprechgerät vorhanden, mit dem von außerhalb des Fahrzeuges die Besatzung anzusprechen ist.

Die am 13. 10. 1961 geforderte Tauchfähigkeit bis zu 8 m erforderte die Entwicklung von Zusatzvorrichtungen, da das Normalfahrzeug ja nur bis zur Turmoberkante tiefwatfähig war. Die für den Tauchmarsch erforderliche Zusatzausrüstung besteht aus einem dreiteiligen, aufsetzbaren runden Schacht, der neben der Luftzufuhr auch dem Kommandanten als Beobachtungsplatz dient. Um ihm die Tauchtiefe zu vermitteln, ist der Schacht an der Außenseite mit weißen Markierungen versehen, welche die Tauchtiefe bis zu 5 m über der Turmoberkante angeben. Am Schacht ist ebenfalls eine Antenne angebracht, um die Funkverbindung mit dem getauchten Fahrzeug aufrechtzuerhalten.

Mit dieser Anlage versehene Fahrzeuge wurden am 12. 7. 1964 der Presse vorgestellt, wobei »Leopard«-Fahrzeuge den Rhein bei Köln-Westhoven überquerten und unmittelbar nach dem Auftauchen gefechtsbereit waren.

Hier sind Motoren und Drehtürme für den Ein- bzw. Aufbau bereitgestellt.

Diese Ausrüstung ermöglicht es dem »Leoparden«, alle mitteleuropäischen Gewässer und Flüsse zu durchqueren, ohne auf andere Übersetzungsmöglichkeiten angewiesen zu sein.
Um den Einsatz der Panzerfamilie »Leopard« auch in Gebieten mit extrem hoher Umgebungstemperatur sicherzustellen, wurde ein Tropen-Rüstsatz entwickelt. Damit können bei Bedarf auch sämtliche bereits ausgelieferten »Leopard«-Fahrzeuge nachgerüstet werden. Der Rüstsatz ermöglicht eine Kühlleistungssteigerung und sichert die Einsatzbereitschaft von »Leopard«-Fahrzeugen auch bei Umgebungstemperaturen von über 50°. Da bei etwa gleichem Gewicht die wenigen Umbauteile ohne zusätzlichen Montageaufwand ausgetauscht werden können, ergeben sich keine logistischen Versorgungsprobleme.
Die Wirksamkeit des Waffensystems »Leopard« bewies sich innerhalb einer verhältnismäßig kurzen Zeit, indem andere NATO-Nationen ihr Interesse an dieser Entwicklung zeigten. Im Februar 1966 begannen bei der E-Stelle 91 der Bundeswehr in Meppen die ersten Vergleichsversuche zwischen dem britischen »Chieftain« und dem »Leoparden«, wofür die britische Armee zwei ihrer Fahrzeuge zur Verfügung stellte. Zwei der deutschen Fahrzeuge gingen im Austausch nach England. Ab 1966 entwickelte die belgische Armee Interesse am »Leoparden«, nachdem die Ablösung der dort laufenden US-»M 47«-Fahrzeuge dringend geworden war Nach eingehenden Vergleichen kam es auf Grund eines Regierungsbeschlusses zu einem Auftrag über 334 Stück Kampfpanzer »Leopard«, welcher zwischen 1967 bis 1970 ausgeliefert werden sollte. Ende Februar 1968 lief bei der Krauss-Maffei AG der erste Serien-»Leopard« für Belgien vom Band, nachdem be-

Die Fertigung selbst erfolgt im Taktverfahren.

Im September 1965 lief die Serienfertigung des nunmehr als Kampfpanzer „Leopard" bezeichneten Fahrzeuges bei der Krauss-Maffei AG in München-Allach an.

reits vorher einige Fahrzeuge aus deutschen Beständen bei der belgischen Armee eingesetzt worden waren. So nahm u. a. eine belgische Kompanie mit 12 »Leopard«-Fahrzeugen an der Parade beim Staatsfeiertag am 21. 7. 1967 teil. Der im Dezember 1967 erteilte Serienauftrag im Betrage von rund 360 Millionen DM sah eine monatliche Fertigung von zehn Fahrzeugen für Belgien vor. Die belgische Ausführung unterschied sich von der deutschen lediglich durch die Verwendung von belgischen FN-Maschinengewehren. Außerdem war die Fahrzeugbeschilderung in Französisch und Flämisch durchgeführt. Der Vergabe dieses Auftrages war eine harte Auseinandersetzung vorausgegangen. In der letzten Wahl stand neben dem »Leoparden« nurmehr der französische »AMX 30«. Der günstigere Preis für den »Leoparden« ergab schließlich den Ausschlag, da davon zu dieser Zeit monatlich bereits 90 Stück gefertigt wurden, während die Monatsproduktion des »AMX 30« nur ca. 10 Stück betrug. Der belgische Auftrag wurde zur Hälfte durch Bestellungen von Munition, elektronischer Ausrüstung und Instandhaltungsdienstleistungen, zur anderen Hälfte durch Einkäufe der beteiligten deutschen Firmen in Belgien ausgeglichen.

Die Fahrzeuge werden vor der Übernahme einer eingehenden Abnahmeprüfung unterzogen. Unser Bild zeigt den Kampfpanzer beim „Antreten", welches die außergewöhnliche Beweglichkeit des Fahrzeuges demonstriert.

Bei der Abnahme erfolgt eine Dichtigkeitsprüfung im werkseigenen Wasserbecken sowie Leistungsermittlungen am Steilhang.

Um das Verhalten des Kampfpanzers „Leopard“ unter extremen Verhältnissen zu erproben, fanden Versuche in Sizilien und in Kanada statt. Unser Bild zeigt ein Fahrzeug bei den Winterversuchen in Camp Shilo in Manitoba (Kanada).

Ab 1973 rüstet die belgische Armee ihre »Leopard«-Panzer mit der vollintegrierten Feuerleitanlage »Cobelda« der Firma Sabac aus. Diese von der belgischen Firma in Zusammenarbeit mit amerikanischen Firmen entwickelte Anlage besteht aus einem optischen Visier, einem Laser-Entfernungsmesser, Sensoren und einem Digitalrechner. Die Anlage verleiht dem »Leoparden« eine bisher in keiner Weise erreichbare Treffgenauigkeit im Stand. Selbst während der Fahrt können feste und bewegliche Ziele erfaßt und bekämpft werden. Auch andere Staaten sind an dieser Umrüstung interessiert.

1968 fanden die ersten Erprobungsvergleiche zwischen »Chieftain«- und »Leopard«-Kampfpanzern bei der holländischen Armee statt. Der Anschaffungspreis lag mit ca. 800 000 Gulden pro Fahrzeug auf gleicher Höhe. Ende 1968 entschloß sich die holländische Regierung zum Ankauf von 400 Kampfpanzern »Leopard« im Gegenwert von ca. 550 Millionen Mark. Holland war somit der zweite NATO-Partner, der sich für

Ein Fahrzeug der ersten beiden Fertigungslose des Kampfpanzers „Leopard"; es stellte rasch seine außergewöhnlichen Fähigkeiten als moderner Kampfpanzer unter Beweis.

dieses Fahrzeug entschied. Anfang Oktober 1969 wurde das erste Produktionsfahrzeug des Hollandauftrages, der in der Zwischenzeit 415 Stück betrug, dem holländischen Staatssekretär van Haex übergeben. Die niederländische Ausführung des »Leoparden« hatte außerhalb des Turmes liegende Antennenabstimmungen, ferner eine an das holländische MG angepaßte MG-Lafette. Der Schießscheinwerferkasten läßt sich auch hinten aufklappen. Eine holländische Ausführung der Nebelwurfanlage ist angebaut. Der Werkzeugsatz ist in außenliegenden Kästen untergebracht. Rechts außen ist ein Handfeuerlöscher angebracht. Die Abluft/Auspuff-Grätings wurden grundsätzlich geändert und ab dem vierten Baulos für alle Fahrzeuge verwendet.

Am 22. 11. 1968 erteilte das norwegische Verteidigungsministerium einen Auftrag über 78 Stück des Kampfpanzers »Leopard«. Dieser Bestellung gingen eingehende Versuche vom 1. 10. 1966 bis zum 1. 10. 1967 voraus.

Bis 1968 hatte die deutsche Bundeswehr vier Fertigungslose mit einer Gesamtzahl von 1845 mittleren Kampfpanzern »Leopard« in Auftrag gegeben und ein 5. Fertigungslos über 111 Einheiten in Aussicht gestellt.

Der niedrige Gesamtaufzug des Fahrzeuges macht es in Verbindung mit der hervorragenden Hauptbewaffnung geeignet zur Bekämpfung aller im Truppengebrauch anderer Mächte stehenden gepanzerten Fahrzeuge.

Der Fahrgestellnummer-Bereich lief beim ersten Los von 5001–5999, beim zweiten von 6001–6999 und beim dritten von 7001–7999. Ab dem dritten Los wurden seitlich an der Wanne in Höhe des Fahrersitzes, je eine geschweißte Tragöse zum Heben des Fahrzeuges angebracht. Beim vierten Los kam ein geändertes Abluft/Abgas-Gräting zum Einbau, welches nun nicht mehr durch senkrechte Stege unterteilt war. Der Fahrgestellnummer-Bereich für das vierte Los war dreimal ausgewiesen, und zwar von 8001–8999, von 12 001 – 12 999 und von 13 001 – 13 999.

Im Januar 1970 entschloß sich auch Italien endgültig für die Einführung des Kampfpanzers »Leopard«. Italien rüstet somit als viertes NATO-Land auf den »Leoparden« um. Das italienische Heer hatte bereits in der Zeit von Mai bis Juli 1964 Versuche mit dem »Leoparden« unter harten Bedingungen in Oberitalien und Sardinien durchgeführt. Deutscherseits wurden anschließend bis Ende August 1964 auf dem italienischen Truppenübungsplatz Teulada Warmwetterversuche fortgesetzt. Die dabei bei Staubentwicklung und hohen Außentemperaturen gewonnenen Erfahrungen konnten noch in die im September 1965 anlaufende Serienfertigung eingeschleust werden. Daneben wurden auch Durchbiegungen des Kanonenrohres beobachtet, die dann in der Folgezeit durch eine Rohrschutzhülle erheblich verringert werden konnten.

Das gute Abschneiden des Fahrzeuges bei diesen Versuchen ergab schließlich einen italienischen Auftrag über 800 Stück »Leopard«-Fahrzeuge, wovon 200 in München gefertigt wurden. Davon wurden 1970 vierzig Stück und 1971 einhundertsechzig Stück ausgeliefert. Die restlichen 600 Fahrzeuge werden in Italien durch die Firmen Fiat, Lancia und OTO-Melara in Lizenz gefertigt. Motor, Getriebe und ein Teil der elektrischen Ausrüstung sollten ursprünglich aus Deutschland kommen. 1971 jedoch erhielt die Firma FIAT in Turin von der Motoren- und Turbinen-Union Friedrichshafen GmbH die Lizenz für den Nachbau des Motors »MB 838« für die in Italien gebauten »Leoparden«.

Holland erteilte 1969 einen weiteren Auftrag über 36 »Leopard«-Fahrzeuge, womit sich der Gesamtauftragsbestand bis Anfang 1970 auf 3508 Stück Kampfpanzer »Leopard« belief.
In der Zwischenzeit haben Dänemark und Spanien ihr Interesse am Kauf von »Leopard«-Fahrzeugen bekundet.
Die in den Jahren 1969/70 zwischen Spanien und der deutschen Bundesregierung geführten Verhandlungen über die Lieferung von mittleren Kampfpanzern »Leopard« waren ergebnislos verlaufen. Die deutschen Hersteller hatten sich geweigert, einer Lizenzfertigung des Fahrzeuges in Spanien zuzustimmen. Ebenso verweigerte die Labour-Regierung in England die Ausfuhr britischer 105-mm-Bordkanonen nach Spanien. Die spanische Regierung wich daraufhin auf den französischen »AMX 30« aus.
1972 gingen zwei »Leoparden« mit den nötigen Ersatzteilen zu einem Truppenvergleich nach Australien. Diese Entscheidung steht zur Zeit noch aus. Auch die Türkei zeigt sich interessiert.
Die Einführung eines modernen Großgerätes verlangt bei der Truppe umfangreiche Vorbereitungen, die nur auf Grund jahrelanger Erfahrungen mit Erfolg durchgeführt werden konnten. Dabei war die Ausbildung der Truppe vorrangig zu behandeln und auf der anderen Seite der Technische Dienst und die Instandhaltung aufzubauen.
Bei der Ausbildung am Panzer ist vor allem der verhältnismäßig hohe Verschleiß der Vollkettenfahrzeuge

Beweglichkeit und Feuerkraft sind die offensichtlichen Merkmale dieses modernen Waffensystemes.

Die rasch bei Krauss-Maffei ablaufenden Produktionsfahrzeuge erlaubten die Austattung zahlreicher Panzerverbände, wobei in Verbandsübungen die Wirksamkeit des Waffensystems weiter erprobt werden konnte.

und die damit verbundenen Kosten zu berücksichtigen. Auch die Anlage von geeigneten Fahr- und Schießplätzen bereitet Probleme. Dadurch wurde bereits bei der Einführung des »Leoparden« der Ausbildung »im Saale« besondere Aufmerksamkeit gewidmet. Bei der Kraftfahrausbildung ergaben sich vor allem Schnittmodelle aller Aggregate. Stationäre Fahrerstände erleichterten das Vertrautmachen der Truppe mit dem Gerät, weil ihre Gestaltung die Beteiligung einer Gruppe von Schülern zuließ, was im Panzer selbst nicht möglich war. Ein Lehrfahrgestell vereinfacht die Grundausbildung im Technischen Dienst, indem es die Durchführung der zur Materialhaltungsstufe 1a gehörenden Arbeiten ermöglicht. Dabei handelt es sich um ein vereinfachtes Fahrgestell, welches mit einem serienmäßigen Fahrwerk ausgerüstet ist, während die anderen Baugruppen als Attrappen ausgebildet sind. Es dient hauptsächlich zum Üben des Kettenwechsels. Weiterhin stehen zur Ausbildung betriebsfähige Aggregate zur Verfügung, die eine Schadensbehebung am »lebenden« Objekt ermöglichten. Wartungssimulatoren werden auch hier

Die Panzerung gewährt ausreichenden Schutz für die Besatzung, vor allem unter erschwerten ABC-Bedingungen.

eine raschere Vertiefung des technischen Wissens der Truppe ermöglichen.
Bei der Fahrausbildung selbst setzte die Enge des Fahrerraumes im Panzer der Überwachung durch einen Fahrlehrer einschneidende Begrenzungen. Um dieses Problem zu beseitigen, wurde eine Panzerfahrschulanlage entwickelt, die es erlaubt, in kürzester Zeit einen Kampfpanzer in ein Fahrschulfahrzeug zu verwandeln. Eine »Rückrüstung« ist jederzeit gegeben. Anstelle des Drehturmes hat das Fahrschulfahrzeug eine Fahrlehrerkabine, die nebenbei noch die Mitnahme von Fahrschülern ermöglicht. Um die Fahreigenschaften des Originalfahrzeuges nicht zu verändern, wird durch einen ca. 8,5 t wiegenden Ballastring das fehlende Turmgewicht ausgeglichen. Die eingebaute Übersteuerungsanlage ermöglicht dem Fahrlehrer einen Eingriff in den Fahrbetrieb des Schülers, wobei die Bordverständigungsanlage eine wesentliche Erleichterung bringt.
Die zur Verfügung stehende Ausbildungszeit reicht in der Regel nicht aus, um die volle Wirksamkeit des »Leopard«-Waffensystems auszunutzen. Daher wird der Ausbildung an sogenannten Fahrsimulatoren in den letzten Jahren entscheidende Bedeutung beige-

Unsere Bilder zeigen die vier Seiten eines Produktionsfahrzeuges des 2. Bauloses 1966.

Die Rückansicht zeigt den hinten am Turm angebrachten Behälter für die Aufnahme des Schießscheinwerfers sowie die Aufbewahrung des Gepäckes der Besatzung.

messen. Eine der modernsten Anlagen entstand für den französischen »AMX 30«, die nun auch für die »Leopard«-Ausbildung verwendet wird.
Selbst die hohen Kosten einer solchen Anlage stehen in keinem Verhältnis zu den beim normalen Fahr- und Schießbetrieb anfallenden Ausgaben. Dabei handelt es sich um eine von einer elektronischen Datenverarbeitungsmaschine gesteuerte, etwa 9x3 Meter große Modellandschaft im Maßstab 1:300, wodurch ein Übungsgelände von ca. 2,1 km zur Verfügung steht. Ein über dem Modellgelände laufender Schlitten trägt eine Fernsehkamera, welche die Bewegungen des vom Schüler gesteuerten modellmäßig verkleinerten Fahrgestelles zur Übungskabine überträgt. Der Innenraum dieser Kabine entspricht dem genauen Aussehen des Kampfpanzerfahrerraumes. Durch den Rechner werden angenommene Fahrzustände sowie eine entsprechende Geräuschkulisse dem Fahrschüler so

naturgetreu übermittelt, daß eine tiefgehende Ausbildung ermöglicht wird.
Auch bei der Schießausbildung stehen in erster Linie maßstabgetreue Schnittmodelle zur Verfügung, die die Gewöhnung an die Platzverhältnisse im Drehturm sowie das Erlernen der wichtigsten Handgriffe erleichtern. Daneben stehen die den Fahrschulwagen entnommenen Drehtürme zur Verfügung, die auf einem fahrbaren Turmträger aufgesetzt und mit einer Stromversorgung versehen werden können. Somit können alle anfallenden Richt- und Zielübungen ausgeführt werden. Die Hauptbewaffnung kann dabei nicht eingesetzt werden, was die Entwicklung von Unterkaliber-Schießgeräten erforderlich machte. Dafür steht ein 14,5-mm-Schießgerät zur Verfügung, welches koaxial in das Patronenlager der Bordkanone eingesetzt ist. Das Ausbildungsgerät 20 mm dient dem Schießen auf echte Kampfentfernungen, da die Ballistik der 20-mm-Kanone der der 105-mm-Bordkanone auf mittlere Schußentfernungen fast gleich ist. Darüber hinaus wird der Entwicklung von Schießsimulatoren, ähnlich dem der Fahrsimulatoren, größte Aufmerksamkeit geschenkt. Dabei können alle anfallenden Gefechtssituationen sowie die Zusammenarbeit der Turmbesatzung erfaßt und durch nötige Korrektur deren Ausbildung intensiviert werden.
Bei Verbands-Gefechtsübungen kann nicht immer der Übung mit scharfem Schuß der Vorrang gegeben wer-

Für Fahrschulzwecke kann nach Abnahme des Drehturmes eine Fahrlehrerkabine mit Ballastring aufgesetzt werden. Die abgenommenen Drehtürme können auf besonderen Ständen ebenfalls zur Ausbildung eingesetzt werden. Eine Rückrüstung zum Kampfpanzer ist jederzeit gegeben.

den. Kostengründe und die schnelle Abnützung der Kanonenrohre verlangten auch hier nach Schußsimulatoren, welche eine möglichst naturgetreue Gefechtswidergabe ermöglichen. Die Hoffmann-Werke in Lintorf entwickelten hierzu das Darstellungsgerät »Kanonenabschuß«, welches ohne eine Änderung an alle Panzer mit Rohrkalibern von 76 bis 105 mm angebaut werden kann. Es besteht aus neun sehr kurzen Rohren, den sogenannten Abschußbechern, die mittels eines Trägers und einer schellenartigen Halterung direkt am Rohr der Hauptbewaffnung montiert werden. Jeder Abschußbecher wird von vorne mit einem Feuerwerkskörper geladen. Die Zündung erfolgt elektrisch von der Innenseite des Panzers. Mit einem Zusatzgerät kann es weiterhin als Trefferanzeigegerät für den Beschuß von Zielscheiben und Attrappen verwendet werden.
Eine andere Methode ist ein Lichtblitz, der vom schießenden Fahrzeug ausgeht und vom Ziel als Treffer oder Fehlschuß rückgemeldet wird. Diese Geräte ermöglichen auch die Verwendung von Panzerattrappen, wie sie ursprünglich von der Bundeswehr, auf Unimog-S-Fahrzeugen aufgebaut, verwendet wurden.
Die HDv 140/1 beschreibt als Ziel jeder Materialerhaltung, mit möglichst geringem Aufwand an Arbeitskräften und Kosten für Werk- und Verbrauchsmaterial sowie Ersatzteile ein Höchstmaß an Lebensdauer und Gebrauchsfähigkeit des Materials sicherzustellen. Dazu hatte man bereits bei der Planung des Fahrzeuges die Stellen berücksichtigt, die später beim Einsatz besonders anfällig waren. Darauf basierten die erstellten technischen Durchsichten sowie die vorgeschriebenen Fristenarbeiten. Die Instandsetzung wird entsprechend den Erkenntnissen eines rationellen Arbeitsablaufes in bestimmten Stufen durchgeführt, die von der Art und dem Umfang des Schadens bestimmt sind. Zur Unterrichtung und Ausbildung des zur Instandsetzung und Unterhaltung eingeteilten Personals dienen die betreffenden Heeresdienstvorschriften (HDv) und Technischen Dienstvorschriften (TDv).
Für die vorgeschriebenen Pflegearbeiten stehen bestimmte Werkzeugsätze zur Verfügung, die entweder am Fahrzeug untergebracht sind oder bei dem Personal der Materialerhaltungsstufe 2 vorhanden sind. Die Baugruppeninstandsetzung erfolgt im Rahmen

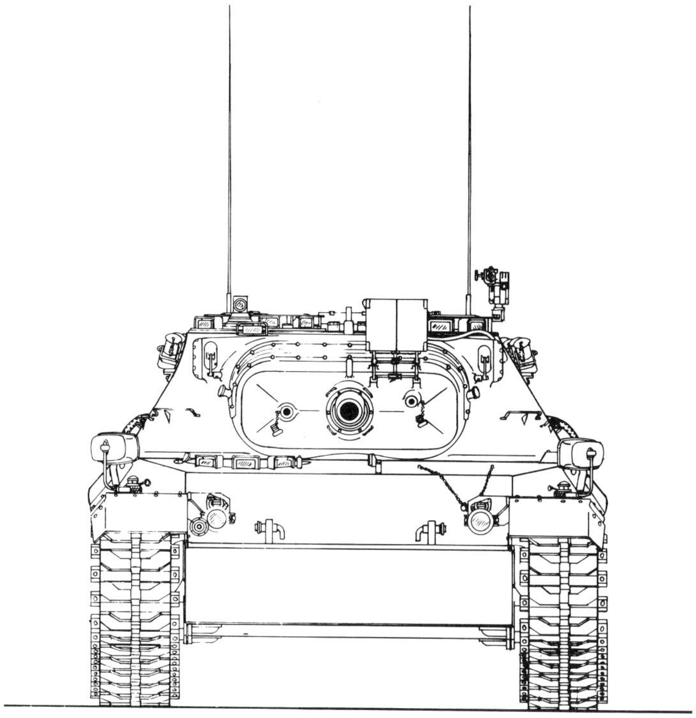

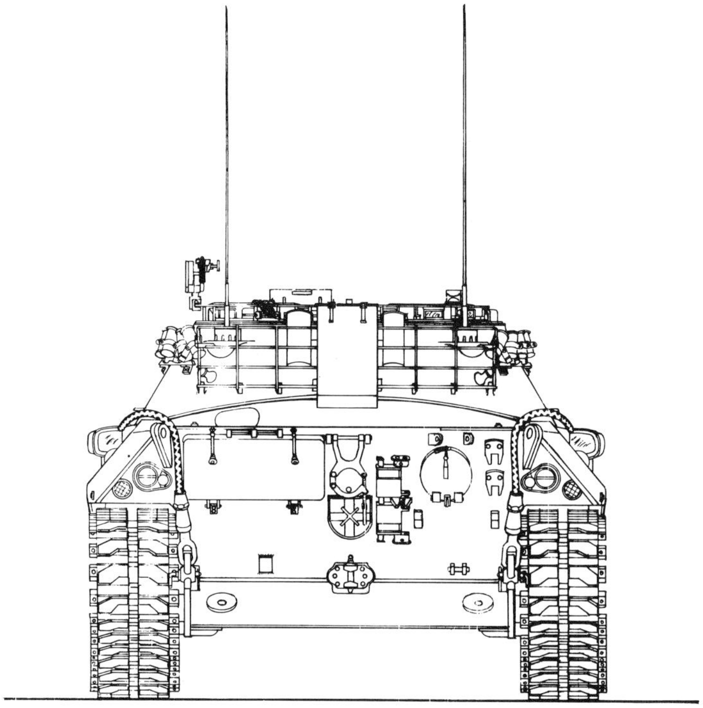

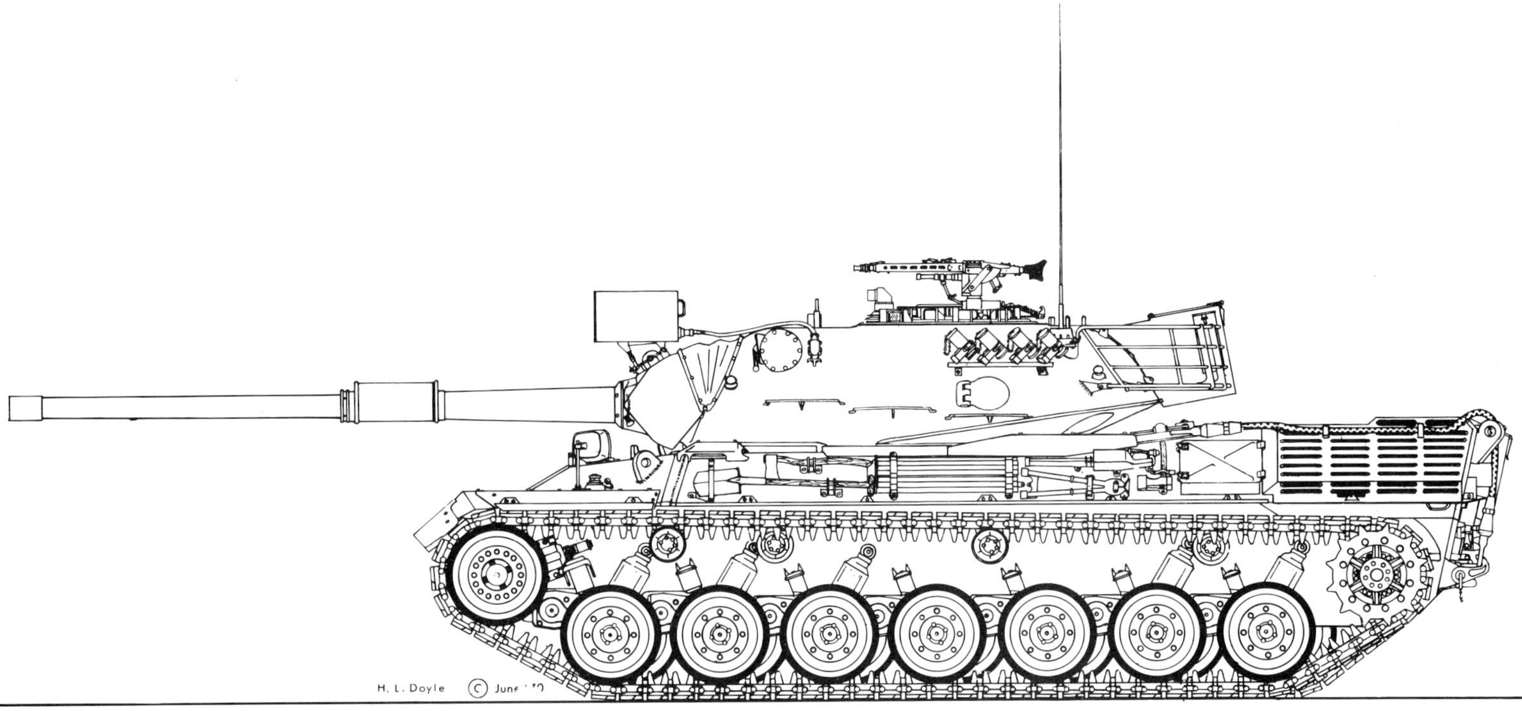

Kampfpanzer „Leopard“, 3. Baulos.

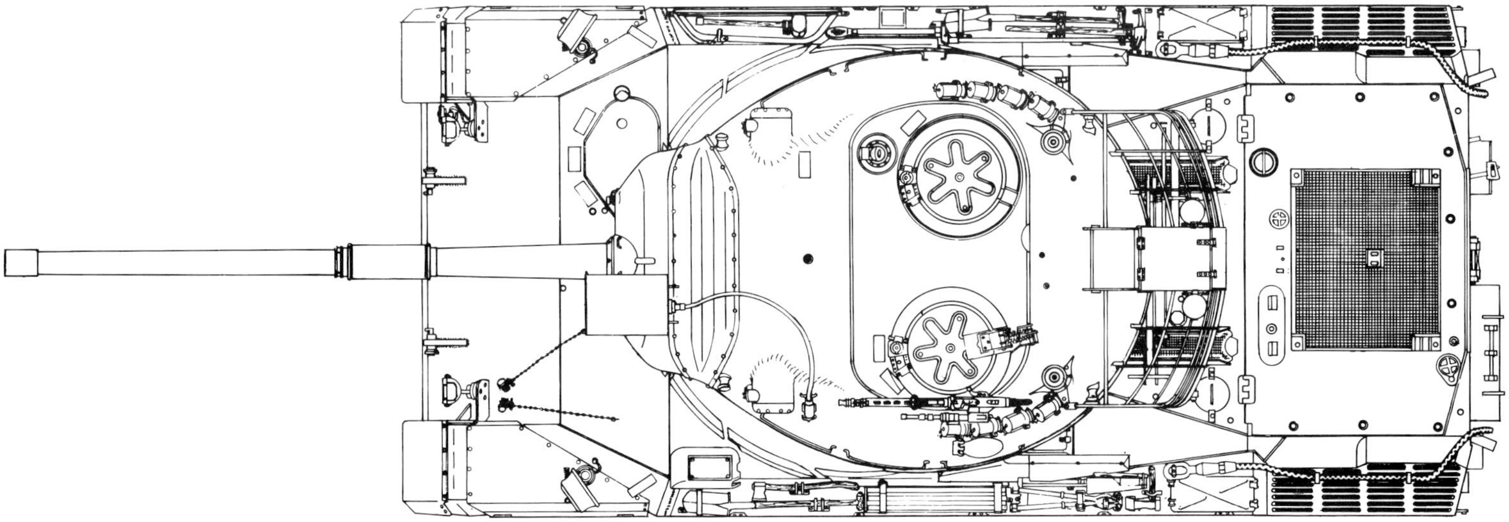

Belgien war das erste NATO-Land, welches eine Umstellung seiner Panzerverbände auf das Waffensystem „Leopard“ erwog. Unsere Bilder zeigen einen an Belgien gelieferten Kampfpanzer „Leopard“, der sich lediglich durch den Einbau belgischer FN-Maschinengewehre von der deutschen Ausführung unterscheidet.

Auch Holland hat seine Panzerverbände auf den „Leopard“ umgerüstet. Die holländische Ausführung unterscheidet sich in Einzelheiten von der deutschen Ausführung. Das außen angebrachte Werkzeug ist nunmehr in seitlichen Werkzeugkästen untergebracht.

Die Antennenabstimmung der holländischen Fahrzeuge liegt außen, eine Nebelwurfanlage holländischer Ausführung wurde verwendet.

Unsere Bilder zeigen eine Gegenüberstellung zwischen der holländischen Ausführung und einem Fahrzeug des 4. Bauloses. Die Unterschiede in der Werkzeugunterbringung sowie in der Nebelwurfanlage sind offensichtlich. Bei beiden Ausführungen jedoch kam eine neue Anordnung der Abluft/Auspuffgrätings zur Verwendung, bei der nunmehr die vertikalen Stege entfallen waren.

Kampfpanzer „Leopard“, 4. Baulos.

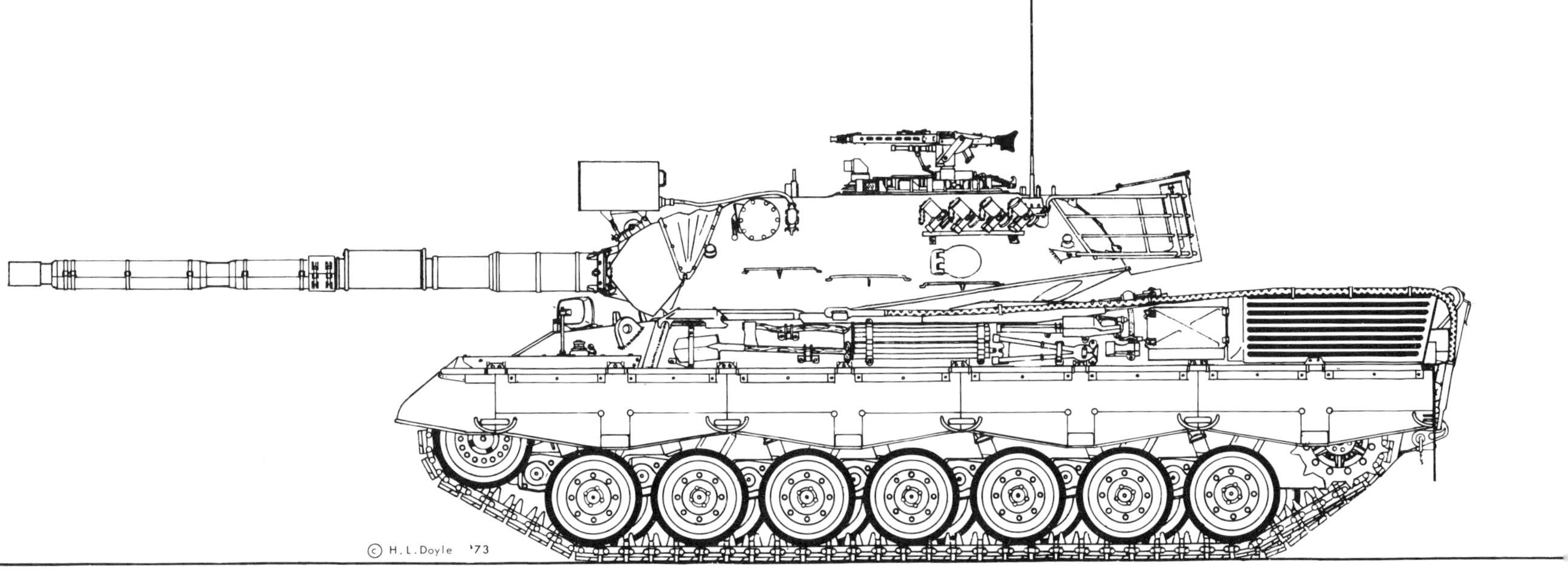

Die Fahrzeuge des ersten bis vierten Bauloses konnten durch bestimmte Nachrüstungen auf den neuesten Stand gebracht werden. Sie erhielten unter anderem seitliche Schürzen und eine Rohrschutzhülle. Derart umgerüstete Fahrzeuge erhielten die Bezeichnung „KPz Leopard 1 A1“.

Das 5. Baulos erhielt eine verstärkte Turmpanzerung und eine leistungsfähigere Verbrennungsluftfilteranlage. Diese Fahrzeuge erhielten die Bezeichnung „KPz Leopard 1 A 2".

der sogenannten Feldinstandsetzung, während als Endstufe die Depotinstandsetzung verfügbar ist.

Die Erhaltung des Gerätes bestimmt vordringlich die Kosten und die Wirksamkeit des Waffensystems »Leopard«. Seiner laufenden Verbesserung wird daher größte Priorität zugestanden.

Das Zusammenspiel von Entwicklung, Konstruktion, Ausbildung und Materialerhaltung hat innerhalb von 10 Jahren ein Waffensystem entstehen lassen, welches, vorwiegend auf europäische Verhältnisse zugeschnitten, auch noch gegen Ende dieses Jahrzehnts voll wirksam sein wird.

Trotzdem machte man sich unmittelbar nach seiner Einführung Gedanken über ein Nachfolgemuster. Es

Unser Bild zeigt die Ausführung „KPz Leopard 1 A2" mit einem auf der Kommandantenluke aufgesetzten Tiefwateschacht. Die seitlichen Schürzen sind aufklappbar, um die Wartung des Laufwerkes zu erleichtern.

war vor allem ein Problem der Vereinigten Staaten, da sich ihr im Einsatz befindlicher Kampfpanzer M 60 trotz aller Verbesserungen kaum mehr mit den Fahrzeugen der neuen Generation vergleichen ließ. Daher schlossen am 1. 8. 1963 die USA und die Bundesrupublik Deutschland ein Regierungsabkommen mit der Absicht, gemeinsam einen Kampfpanzer zu entwickeln, welcher

den von beiden Regierungen einverständlich festgelegten militärischen Forderungen entspricht,

spätestens im Jahre 1970 produktionsreif sein und

bei den Streitkräften der USA und der Bundesrepublik Deutschland

eingeführt werden soll.

Diese nunmehr als Ausführung „KPz Leopard 1 A3" ausgewiesenen Fahrzeuge weisen eine keilförmige Blende für die Hauptbewaffnung auf.

Die restlichen 110 Fahrzeuge des 5. Bauloses wurden ab Mai 1973 mit einem völlig neuen Walzstahlturm in Schottbauweise ausgerüstet. Unsere Bilder zeigen eine Gegenüberstellung des neuen Fahrzeuges mit einem aus dem 4. Baulos.

Beim Ladeschützen sind nunmehr dreh- und kippbare Winkelspiegel vorgesehen.

Die im Turmheck mit in die Turmkontur einbezogenen Heckkästen dienen der Unterbringung von Zielscheinwerfer und Zubehör.

Die nächsten 9 Bilder zeigen eine Gegenüberstellung aller bisher eingeführten „Leopard“-Modelle:

Prototyp, Porschetyp „773“

Vorserienfahrzeug, Porschetyp „814“

Serienfahrzeug, erstes und zweites Baulos (die vorne seitlich an der Wanne angeschweißten Verladeösen fehlen noch)

Serienfahrzeug, drittes Baulos (die Verladeösen sind nun vorhanden)

Serienfahrzeug, viertes Baulos (die Abluft/Auspuff-grätings sind nunmehr ohne vertikale Stege)

Serienfahrzeug, erstes bis viertes Baulos mit Nachrüstung (seitliche Schürzen und Rohrschutzhülle sind die am meisten sichtbaren Unterschiede)

Serienfahrzeug, fünftes Baulos, erste Ausführung (verstärkte Turmpanzerung)

Serienfahrzeug, fünftes Baulos, zweite Ausführung (neuer, geschweißter Drehturm)

und demnächst

Kampfpanzer „Leopard 2“, Prototyp

Als Ablösung für den Kampfpanzer „Leopard“ sollte in den Siebziger Jahren der in deutsch-amerikanischer Gemeinschaftsentwicklung entstandene Kampfpanzer 70 (englisch Main Battle Tank 70) eingeführt werden. Unsere Bilder zeigen einen Vergleich zwischen dem Prototyp dieses Fahrzeugs und dem Kampfpanzer „Leopard“.

Unter einer bilateralen Programmleitung bildeten Soldaten und Techniker beider Länder eine »Gemeinsame Amtliche Technische Führungsgruppe«, die mit der Festlegung des technischen Konzeptes sowie der Ausführung der ersten entscheidenden Konstruktionsarbeiten beauftragt wurde.

Von seiten der Amerikaner als »Main Battle Tank 70« oder »MBT 70« und deutscherseits als »Kampfpanzer 70« ausgewiesen, erarbeiteten die Gemeinsame Konstruktionsgruppe der USA unter Leitung der General Motors Corp. und die Deutsche Entwicklungsgesellschaft mbH die Unterlagen für einen modernen Kampfpanzer. Trotz aller Widersprüche in der militärischen Auffassung und den Schwierigkeiten mit verschiedenen Maßeinheiten kam es im Oktober 1967 zur Vorführung der ersten Prototypen, welche in den USA und Deutschland zur gleichen Zeit erfolgte. Der »Kampfpanzer 70« war als Turmpanzer ausgelegt, worin die dreiköpfige Besatzung untergebracht war. Als Hauptbewaffnung war eine Kombinationswaffe vorgesehen, welche verschiedene Munitionsarten, darunter auch Flugkörper (Shillelagh) verschießen konnte. Eine automatische Ladeeinrichtung für diese Waffe war geplant. Die Bodenfreiheit des Fahrzeuges konnte durch eine hydropneumatische Federung um 400 mm verändert werden. Bei den deutschen Prototypen kam der Daimler-Benz »M 873«-12-Zylinder-Vielstoff-Dieselmotor mit 1500 PS Leistung zum Einbau, während die Amerikaner den luftgekühlten 12-Zylinder-Continental mit 1475 PS vorzogen. Es waren vor allem die ständig steigenden Kosten, die bei den Amerikanern etwa 140 Millionen Dollar und bei den Deutschen etwa 75 Millionen Dollar betrugen, welche gegen Jahresende 1969 die Einstellung des gemeinsamen Projektes erzwangen.

Die während der zehnten interimistischen »Programm Management Board«-Sitzung, die vom 13. bis 17. 1. 1970 im Bundesministerium für Verteidigung stattfand, festgelegte Beschließung, die gemeinsame Finanzierung des »MBT 70«-Programmes mit dem 31. 12. 1969

Kampfpanzer »Standard« Prototyp II der Firmengruppe A

Der mittlere Kampfpanzer »Leopard 1« — 3. Baulos

Bergepanzer »Standard«

Schützenpanzer »Marder«

Kampfpanzer »Leopard 1« — 3. Baulos

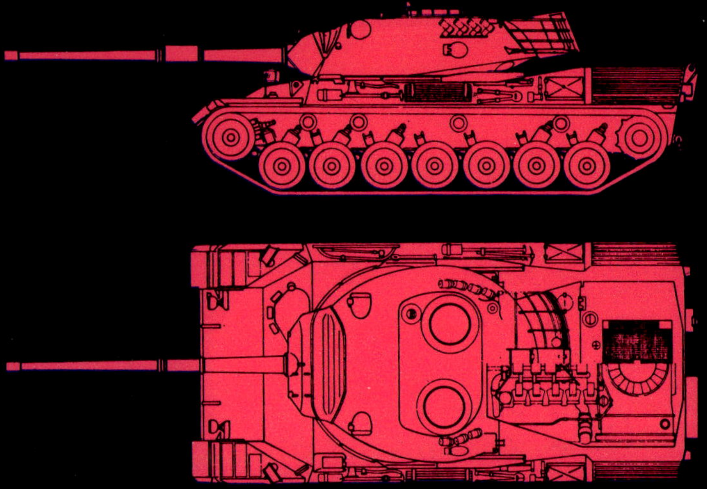

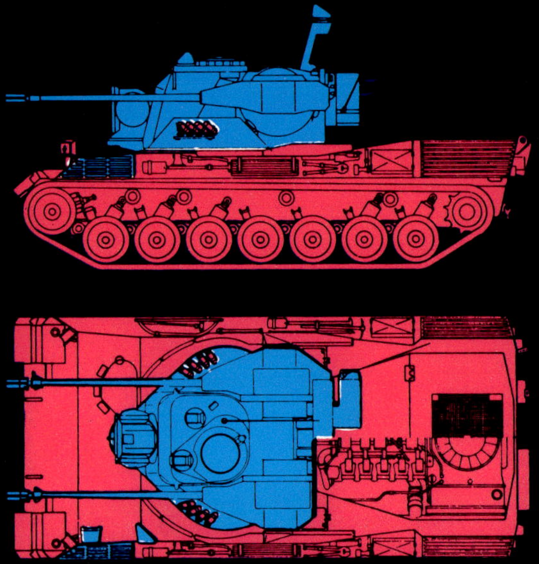

1

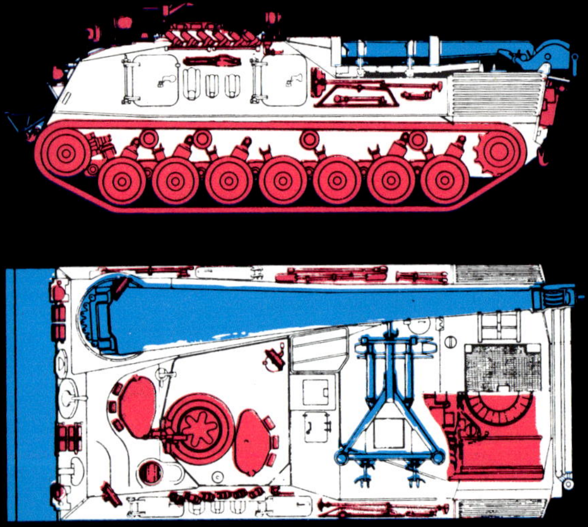

2

3

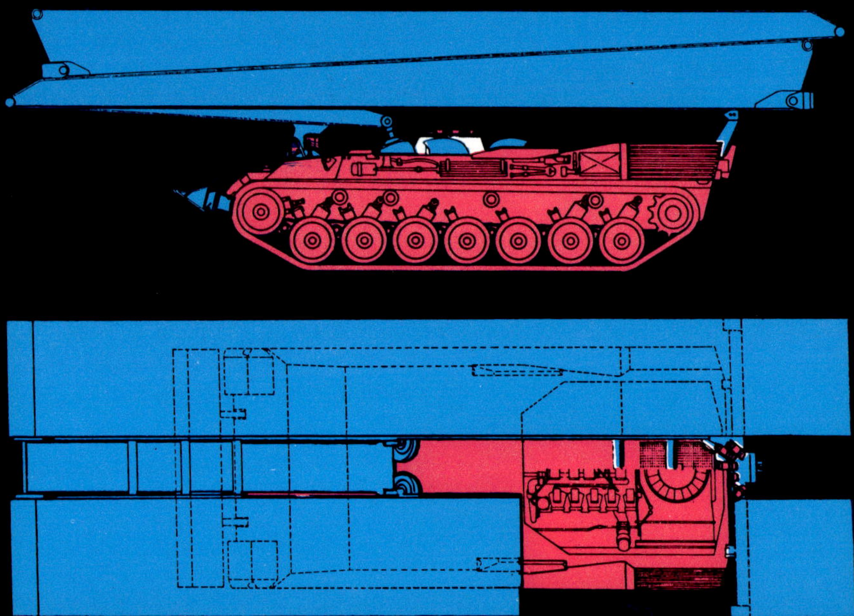

4

Der niedrige Gesamtaufzug des „MBT 70" war vor allem auf die Verlegung des Fahrersitzes in den Turm zurückzuführen. Als Hauptbewaffnung wurde von seiten der Amerikaner eine 152-mm-„XM 150"-Mehrzweckwaffe vorgesehen.

Schon bei der »Leopard«-Entwicklung wurde größter Wert auf weitgehende Komponentengleichheit innerhalb der »Leopard«-Familie gelegt.
◀ Die Vergleichszeichnung zeigt neben dem Kampfpanzer den 1. Fla-Panzer »Gepard«, 2. Bergepanzer »Leopard« (Standard), 3. Pionierpanzer »Leopard« und 4. Brückenlegepanzer »Biber«.
Die in »ROT« ausgewiesenen Fahrzeugteile sind identisch mit denen des Kampfpanzers.

Das hydro-pneumatische Laufwerk des neuen Fahrzeuges ermöglichte eine Verstellung der Bodenfreiheit sowie ein Anpassen an besondere Begebenheiten des Geländes.

abzuschließen, führte zu einer Nationalisierung des Programmes.
Bis dahin waren je sechs Prototypen der ersten Generation in beiden Ländern gebaut worden, die nunmehr für eingehende Erprobungen zur Verfügung standen.
Die US Army betrieb anschließend die Weiterentwicklung des Fahrzeuges unter eigener Regie und führte vor allem eine Anzahl sogenannter »Entfeinerungen« durch, die den »XM 803«, wie das Fahrzeug seither bezeichnet wurde, kostenmäßig erschwinglich werden lassen sollte. Anfang 1972 entschloß sich der amerikanische Kongreß jedoch, keine weiteren Haushaltsmittel für das »XM 803«-Programm zur Verfügung zu stellen, womit dieses Kampfpanzer-Programm endgültig beendet wurde.
Ohne Zweifel werden die mit dem »Kampfpanzer 70« gesammelten, gemeinsamen Erfahrungen einen erheblichen Einfluß auf die zukünftige Panzerentwicklung beider Länder haben. So kann deutscherseits die nationale Entwicklung eines Kampfpanzers 70 mit Kanone logistisch weitgehend an die bisherige bilaterale Entwicklung angepaßt werden. Krauss-Maffei hat die Entwicklung dieser zukünftigen Serienfahrzeuge übernommen und auch die Dr. Ing. h. c. F. Porsche KG dazu eingeschaltet. Die Einführung dieser Serienfahrzeuge als Ersatz für die amerikanischen »M 48«-Kampfpanzer ist für das Jahr 1975 vorgesehen.
Zu ihrer Entwicklung stehen noch aus der früheren deutsch-amerikanischen Zusammenarbeit rund 55 Millionen Dollar zur Verfügung, die nun gezielt zur Serienreifmachung der neuen Generation verwendet werden sollen. In Entwicklung stehen zwei Grundtypen:

Kampfpanzer 70 K (Kanone): Fahrzeug von Krauss-Maffei/Porsche. Turm von Wegmann, Waffenanlage von Rheinmetall. 10 Prototypen sollen bis Ende 1971 in Erprobung gehen. Vorläufig werden diese Fahrzeuge noch mit der 105-mm-Bordkanone des »Leoparden« bestückt. Für das Serienfahrzeug ist eine 120-mm-Hochleistungskanone der Firma Rheinmetall vorgesehen.

Kampfpanzer 70 FK (Flugkörper): Untersuchun-

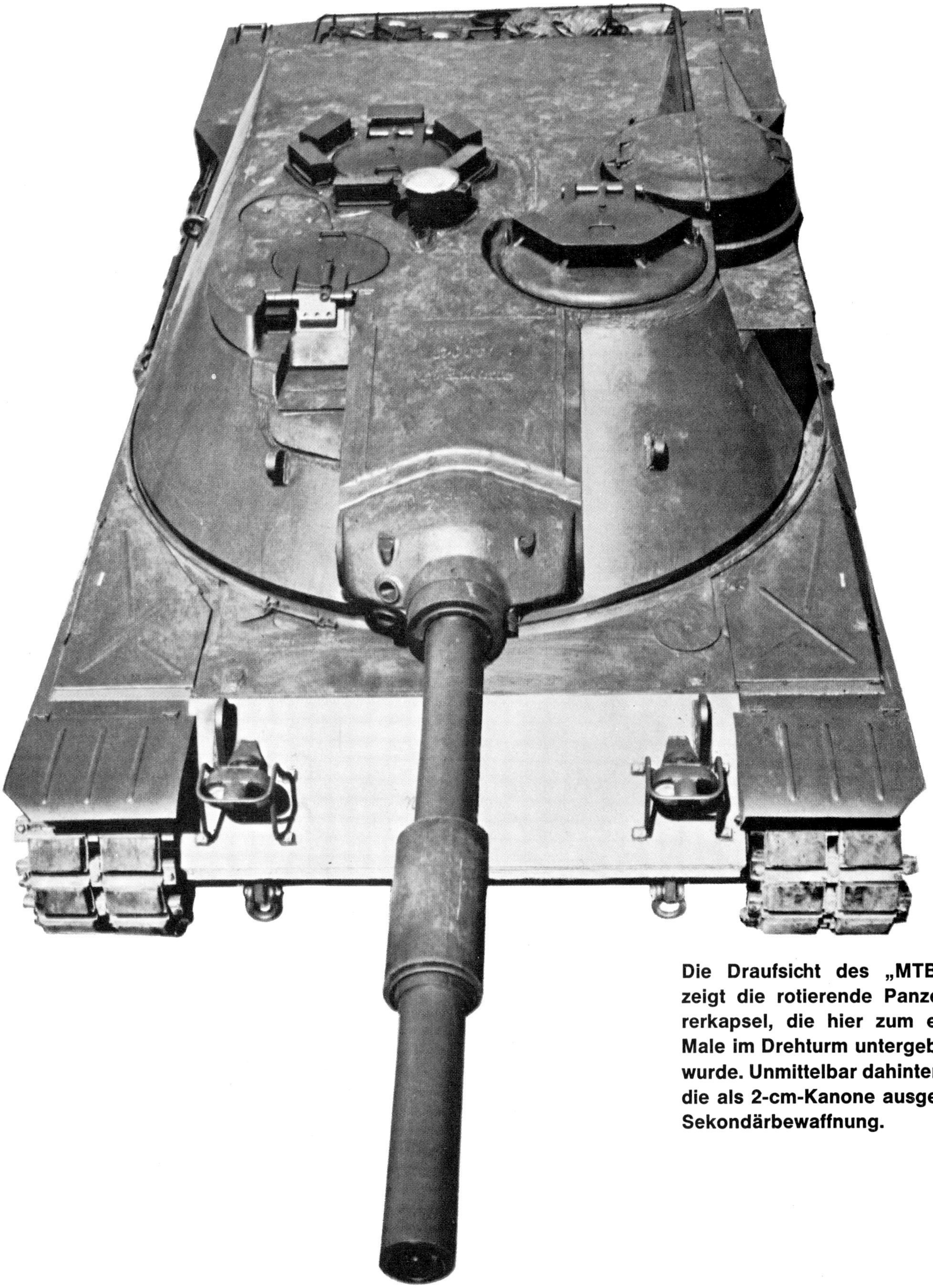

Die Draufsicht des „MTB 70“ zeigt die rotierende Panzerfahrerkapsel, die hier zum ersten Male im Drehturm untergebracht wurde. Unmittelbar dahinter liegt die als 2-cm-Kanone ausgelegte Sekondärbewaffnung.

Die 2-cm-Bordkanone im ausgefahrenen Zustand. Sie war gleichzeitig für Erd- und Flugzielbekämpfung einsetzbar.

Unser Bild zeigt den deutschen Prototyp mit Einzelheiten des hydro-pneumatischen Laufwerkes. Deutscherseits wurde der Einbau einer 120-mm-Hochleistungskanone erwogen. ▶

Die Anpassungsfähigkeit des neuen Laufwerkes ist in dieser Aufnahme gut erkennbar. ▶

Nachdem das Gemeinschaftsprojekt aus finanziellen Gründen gescheitert war, versuchte die US-Army das vereinfachte Modell „XM 803" als künftigen Kampfpanzer seiner Streitkräfte zu gewinnen. Aber auch dieses Projekt zerschlug sich aus kostentechnischen Gründen.

gen über ein Waffensystem mit Kombinationswaffe werden systematisch weiter betrieben. Die »Shillelagh«-Flugkörper sind für die deutsche Bundeswehr zu aufwendig und zu teuer.

Die Arbeitsbezeichnung für das neue Fahrzeug lautet »Leopard 2«.

Ende 1971 billigte der Bundesminister der Verteidigung das Panzerkonzept des deutschen Heeres als Grundlage der Rüstungsplanung. Dadurch wurden folgende Voraussetzungen geschaffen: Als Nachfolger des amerikanischen Kampfpanzers »M 48« wird der Kampfpanzer »Leopard 2« entwickelt. Der Halbgenerationenwechsel bedeutet, daß die Panzerverbände mit Einführung des »Leoparden 2« erheblich an Kampfkraft gewinnen werden.

17 verschiedene Prototypen des »Leoparden 2« standen Anfang 1972 zu Versuchen zur Verfügung. Dabei handelt es sich um ein völlig neues Fahrzeug, welches lediglich den Namen »Leopard« gemeinsam mit dem derzeitigen Produktionsmodell hat. Das neue Fahrzeug hat ein Gefechtsgewicht von 47 t und durch die Verwendung eines 1500-PS-Motors ein Leistungsgewicht von 32 PS/t, verglichen mit 21 PS/t beim »Leoparden 1«. Das Triebwerk der Baureihe »MB 870« wurde von der MTU Friedrichshafen bereits 1964 im Rahmen des deutsch-amerikanischen Kampfpanzerprojektes konzipiert. Damals wurde eine Leistung von 1500 PS verlangt. Daimler-Benz schlug daraufhin einen auf der Erfahrungsbasis der Baureihe »MB 837« entwickelten 12-Zylinder-Motor vor, den »MB 873«. Trotz verringerter Bauhöhe bot dieser Typ infolge eines verkürzten Hubs und erhöhter Drehzahl eine ca. 25 % höhere Zylinderleistung. Zusätzlich zur Motorentwicklung übernahm die Daimler-Benz AG die Gestaltung des gesamten Triebwerkblockes.

Die ersten Versuchsausführungen standen 1967 zur Verfügung und bestanden mehrmals erfolgreich Fahrerprobungen von mehr als 10.000 km. Die parallel verlaufende Prüfstanderprobung absolvierte 1968 als wesentliche Etappe einen erfolgreichen 400-Stunden-NATO-Testlauf in Vielstoffausführung. Ebenso wurden alle anderen Forderungen bis 1969 erfüllt. Im Dezember 1968 wurde daraufhin dieses Triebwerk als einzige Antriebsmaschine für das KPz-70-Programm bestimmt. Mit geringfügigen Änderungen findet der Motor nunmehr seine Verwendung als Antriebsaggregat für den »Leoparden 2«.

Der 12-Zylinder-Motor »MB 873 KA« hat bei einem Hub von 155 mm und einer Bohrung von 165 mm einen Gesamthubraum von 39,8 l. Bei einem Verdichtungsverhältnis von 20,5:1 beträgt die Leistung bei

n= 2600 1500 PS. Auf dieser Basis wird eine Motorenfamilie entwickelt, deren Baureihen von 6-, 8-, 10- und 12-Zylinder-Motoren 1969 vom BWB in Auftrag gegeben wurden. Als Leistungsziel der Baureihe wurden 150 PS pro Zylinder angesetzt. Damit sollte sich die Leistung für den 12-Zylinder-Motor bis auf 1800 PS steigern lassen.
Zunächst wurde der Bau des 10-Zylinder-Aggregates vorrangig behandelt, von dem im Frühjahr 1970 zwei Prototypen für Erprobungsträger innerhalb des »Leopard«-Entwicklungsprogrammes zur Verfügung standen. Die 6-Zylinder-Ausführung »MB 870« mit einer Leistung von 820 PS soll für die deutsch-englische Gemeinschaftsentwicklung einer Panzerhaubitze in Frage kommen. Die ersten Motoren dieser Größe sind gemäß der Terminplanung für dieses Projekt spätestens bis 1973 zu erwarten.
Das neue Antriebsaggregat gibt dem »Leoparden 2« ein wesentlich verbessertes Fahrverhalten gegenüber dem »Leoparden 1«.

Zwei völlig neue Hauptbewaffnungen werden im Rahmen dieser Entwicklung erprobt. Dabei handelt es sich um Kanonen mit glattem Rohr der Kaliber 105 bzw. 120 mm. Die Munition für die 120-mm-Bordkanone wurde neu entwickelt, sie erfüllt alle NATO-Panzerdurchschlagsforderungen. Im Panzer werden bis zu 41 Granaten vom Kaliber 120 mm mitgeführt, bei der 105-mm-Waffe können 56 Schuß verstaut werden. Die Hauptbewaffnung ist voll stabilisiert, ein ballistischer Rechner, Nachtsichtgeräte sowie ein Laser-Entfernungsmesser werden die Ausrüstung vervollständigen.
Der Gewichtszuwachs ist auf eine verstärkte Schottpanzerung sowie auf schwerere Antriebsaggregate zurückzuführen. Hierbei soll das Renk »HSWL 354« stu-

Die Bundeswehr hat mit den „Leopard"-Fahrzeugen des fünften Bauloses bereits die Ablösung der noch vorhandenen „M 48 A 2"-Bestände eingeleitet. Der Rest dieser Fahrzeuge wird durch den noch im Versuch liegenden „Leopard 2" ersetzt. Unser Bild zeigt eine Gegenüberstellung zwischen einem Prototyp des „Leopard 2", des „Kampfpanzers 70" und des Flakpanzers „Gepard".

Der „Leopard 2“ wird die Antriebsaggregate des „Kampfpanzers 70“ weitgehend übernehmen und damit eine außergewöhnliche Beweglichkeit erhalten. Unser Bild zeigt einen Vergleich zwischen dem „Leopard 2“ und einem Serienfahrzeug des vierten Bauloses.

fenlose, hydrostatische Überlagerungs-Lenkgetriebe Verwendung finden.

Der bereits beim fünften Fertigungslos des »Leoparden 1« verwendete geschweißte Drehturm mit Schottpanzerung wird auch hier den ballistischen Schutz um ca. 100 % vergrößern.

An der Kampfwertsteigerung des Kampfpanzers »Leopard« wurde mit Nachdruck gearbeitet. Noch während der Fertigung des 4. Loses kam es ab 1972 zur ersten Abwandlung des Grundmodelles, welches nunmehr als »KPz Leopard 1 A 1« ausgewiesen wurde. Diese Nachrüstungen ließen sich ohne großen Aufwand auch bei Fahrzeugen früherer Fertigungslose durchführen, die nach Umrüstung auch als Ausführung »A 1« bezeichnet wurden.

Zur Einführung gelangten unter anderen:

- die Waffenstabilisierungsanlage 1 (WSA 1), die eine erheblich schnellere Feuereröffnung sowie das Gerichtetlassen von Rohr und Zielfernrohr während der Fahrt auf das Ziel ermöglicht (Hersteller Feinmechanische Werke Mainz).
- die Rohrschutzhülle 1 (RSH 1), die weitgehend eine Temperaturbeeinflussung des Rohres durch Sonnenbestrahlung sowie durch Schnee und Regen ausschließt. Damit konnte die Trefferwahrscheinlichkeit beim ersten Schuß erheblich verbessert werden.
- aufklappbare Panzerschürzen an beiden Seiten des Fahrzeuges, die gegen leichte Hohlladungen aus Panzerabwehr-Handwaffen weitgehend schützen.

Ferner wurde eine neue Gleiskette (D 640 A) mit auswechselbaren Laufpolstern und einschiebbaren Schneegreifern zur Einführung bestimmt. Eine Turmlukensicherung, welche die Besatzung vor dem gefährlichen Unterdruck bei unbeabsichtigtem Schließen der Kommandantenluke und eingeschalteter Tauchhydraulik schützt, wurde vorgesehen und das Zubehör

Unser Bild zeigt den Kampfpanzer „Leopard“ mit seinem neuesten Partner, dem Schützenpanzer „Marder“. Eine zukunftssichere Kombination moderner Kampffahrzeuge.

»Tiefwat- und Unterwasserfahrausrüstung« eingeführt.

Die ursprüngliche Auftragsstückzahl für das 5. Fertigungslos wurde erhöht und damit 1973 die Ablösung der sich beim II. Korps befindlichen »M 48 A 2«-Bestände eingeleitet. Der Fahrgestellnummern-Bereich für das 5. Los läuft von 14 001–14 999. Davon wurden die ersten 232 Stück gegenüber der Ausführung »KPz Leopard 1 A 1« wie folgt weiter verbessert und erhielten die Bezeichnung »KPz Leopard 1 A 2«: Der Drehturm in Stahlgußausführung erhielt einen verstärkten Panzerschutz. Eine leistungsfähigere Verbrennungsluftfilteranlage wurde eingeführt. Die ABC-Schutzanlage erhielt wirkungsvollere Filter. Für Fahrer und Kommandant gab es nunmehr zur passiven Nachtsicht ein Bildverstärker-Fahrgerät. Gegen Ende 1972 waren an die deutsche Bundeswehr 2187 »Leopard«-Fahrzeuge geliefert worden. Bei einem Gesamtkostenaufwand von 280 Millionen DM für das 5. Los wurden ab Mai 1973 die restlichen 110 Fahrzeuge als »KPz Leopard 1 A 3« mit einem völlig neuen, geschweißten und langgestreckten Turmgehäuse in Schottbauweise mit keilförmig geschweißter Blende ausgestattet. Die im Turmheck mit in die Turmkontur einbezogenen Heckkästen dienen zur Unterbringung von Zielscheinwerfer und Zubehör. Der Ladeschütze hat einen dreh- und kippbaren Winkelspiegel zur Verfügung. Somit beträgt der Gesamtstand an Kampfpanzern »Leopard« beim Feldheer 2120 Einheiten. Weitere 90 Stück befinden sich bei den Schulen und Erprobungsstellen. Eine Umlaufreserve von 227 Kampfpanzern »Leopard« ist vorhanden.

Bis Ende 1974 soll noch ein sechstes Baulos über 250 Fahrzeuge ausgeliefert werden. Diese Ausführung »KPz-Leopard 1 A 4« wird mit einer integrierten Feuerleitanlage, die aus einem raumstabilisierten Kommandanten-Rundblickzielfernrohr, einem mit der stabilisierten Hauptbewaffnung gekoppelten, rechner-

Zum Transport seiner Kampffahrzeuge hat die Bundeswehr rechtzeitig die Besorgung neuzeitlicher Transportfahrzeuge aufgenommen. In Verbindung mit den Sattelzugmaschinen „L 912 VSA“ und „L 1212/45 VSA“ der Firma Faun schuf die Firma Blumhardt in Wuppertal Achtrad-Tieflade-Sattelanhänger mit einer Nutzlast von bis zu 50300 kp.

gesteuerten Entfernungsmeßgerät, einem Feuerleit-Einheitsrechengerät und verbesserten Bedienungsgeräten besteht, ausgestattet.

General Dietrich Willikens, maßgebend an der »Leopard«-Entwicklung beteiligt, erläuterte in seinen »Gedanken zur Panzerentwicklung« das Wechselspiel zwischen Speziallösungen und Mehrzweckfahrzeugen. So können für bestimmte Aufgaben entwickelte Spezialpanzer die wirkungsvollste Lösung für diesen einen Zweck ergeben. Gründe der Ausbildung, der Versorgung und letztlich der Wirtschaftlichkeit bei der Produktion sprechen jedoch gegen eine Vielzahl von Einzweck-Waffensystemen.

Auf der anderen Seite der Überlegung stehe der Mehrzweckpanzer, der für viele Aufgaben geeignet sei. Zwischen beiden Überlegungen liegt die Lösung, innerhalb bestimmter Gewichtsklassen Panzerfahrgestelle zu einer einheitlichen Familie zusammenzuschließen und nur durch unterschiedliche Aufbauten verschiedene Verwendungsmöglichkeiten vorzusehen. Diese Überlegung bestimmte grundsätzlich die Einführung des Waffensystems »Leopard« als schwere Panzerfamilie bei der deutschen Bundeswehr.

Im Rahmen einer weiteren deutsch-amerikanischen Gemeinschaftsentwicklung wurde 1966 der Entwurf eines Schwerlast-Transportfahrzeuges in Angriff genommen. Es handelte sich um ein Transportfahrzeug mit hoher Beweglichkeit für den zu erwartenden „Kampfpanzer 70". Nach Aufgabe dieses Projektes ergab sich eine deutsche Weiterentwicklung unter der Bezeichnung „SLT 50-2". Unser Bild zeigt dies von der Firma Faun in Verbindung mit der Firma Krupp erstellte Prototypfahrzeug aus dem Jahre 1971.

Als erste Abart des Kampfpanzers »Leopard« wurde ein Bergepanzerfahrzeug in Angriff genommen. Die militärischen Forderungen für dieses Fahrzeug vom 13. 10. 1961 bildeten die Grundlage für einen Entwicklungsvertrag zwischen dem BWB und der Firma Porsche. Dieser Entwicklungsvertrag wurde im Oktober 1963 abgeschlossen, er lief bis zum 30. 6. 1965.
Das neue Fahrzeug sollte die bei der Truppe eingeführten, bereits veralterten amerikanischen »M 74« ablösen, während die in geringerer Stückzahl beschafften »M 88«-Bergepanzer bei den noch mit dem »M 48«-Kampfpanzer ausgerüsteten Einheiten verbleiben sollten.
Das unter der Leitung der Herren Eyb und Grewing stehende Sonderbüro der Firma Porsche entwickelte daraufhin den Typ »807«, von dem bei der Firma Jung-Jungenthal zwei Prototypen gebaut wurden. Bereits im April 1964 konnte der erste Prototyp offiziell Vertretern der Truppe und des BWB vorgestellt werden. Bei diesem Fahrzeug wurden viele revolutionäre Merkmale verwirklicht, die damit richtungweisend für eine Generation neuer Bergefahrzeuge werden sollten.

Im September 1964 übernahm die MAK Maschinenbau GmbH in Kiel die Aufgabe einer Managementfirma für den Bergepanzer Standard. MAK übernahm auch den Truppenversuch, die Firma Jung führte neben der Werkserprobung auch noch den stationären Versuch durch. Die Firma Porsche betrieb nicht nur die Weiterentwicklung, sondern auch Grundsatzversuche wie Luftfiltermessungen. Bis Frühjahr 1965 war von MAK der Gesamtplan für die Serienproduktion festgelegt, bis Mitte Mai 1965 der erste größere Umbau des Prototyps beendet. Nach weiteren Versuchen wurde das Fahrzeug im September 1965 der E-Stelle 51 übergeben. Die zweite Umrüstung des Fahrzeuges erfolgte im Oktober des gleichen Jahres, mit dem dann im serienähnlichen Zustand vom 19. 10. bis 23. 11. 1965 der zweite Truppenversuch durchgeführt werden konnte.
Noch während der Entwicklungsarbeiten im Frühjahr 1965 waren vom BWB zwei Vorserienfahrzeuge bei der MAK in Auftrag gegeben worden. Diese sollten bereits alle Merkmale der späteren Serienfahrzeuge aufweisen. Anfang Oktober 1965 wurde bei der MAK mit der Montage der beiden Vorserienfahrzeuge begonnen.
Der Unterschied zwischen dem Berge- und dem Kampfpanzer bestand lediglich in der Ausrüstung des einen mit der Bergeeinrichtung anstelle des Drehturmes. Auf das gemeinsame Fahrgestell wurde lediglich ein anderes Panzergehäuse gesetzt. Die neue Ausrüstung gab dem Fahrzeug folgende Verwendungsmöglichkeiten:

Schadfahrzeuge, auch mit einem wesentlich höheren Gewicht als der »Leopard«, konnten mittels Zugwinde geborgen werden.

Material im Gewicht bis zu 20 t, bis zu 7 m unter Flur konnte bewegt werden. Der Austausch von Baugruppen wie ein »M 48«-Drehturm sowie ein »Leopard«-Triebwerk war gewährleistet. Ein einseitiges Anheben des »Leoparden« mit Hilfe der Hubwinde und des um 360° schwenkbaren Drehauslegers war möglich.

Wegehilfe, Beseitigung von Sperren, Eingraben und Abstützen mit dem Räumschild waren vorgesehen.

Die Möglichkeit, ein komplettes »Leopard«-Trieb-

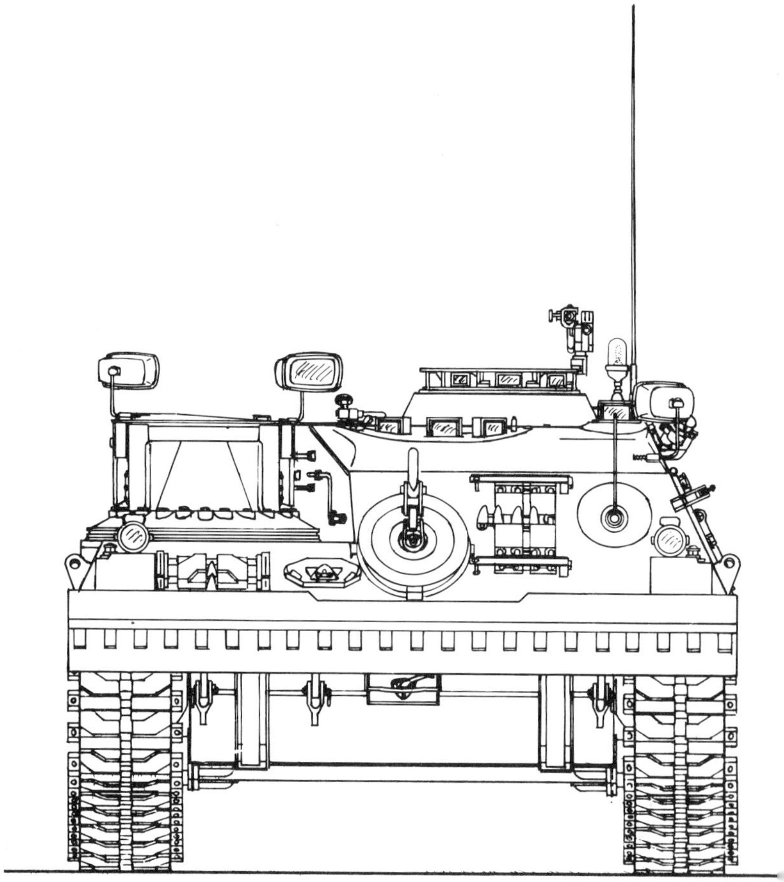

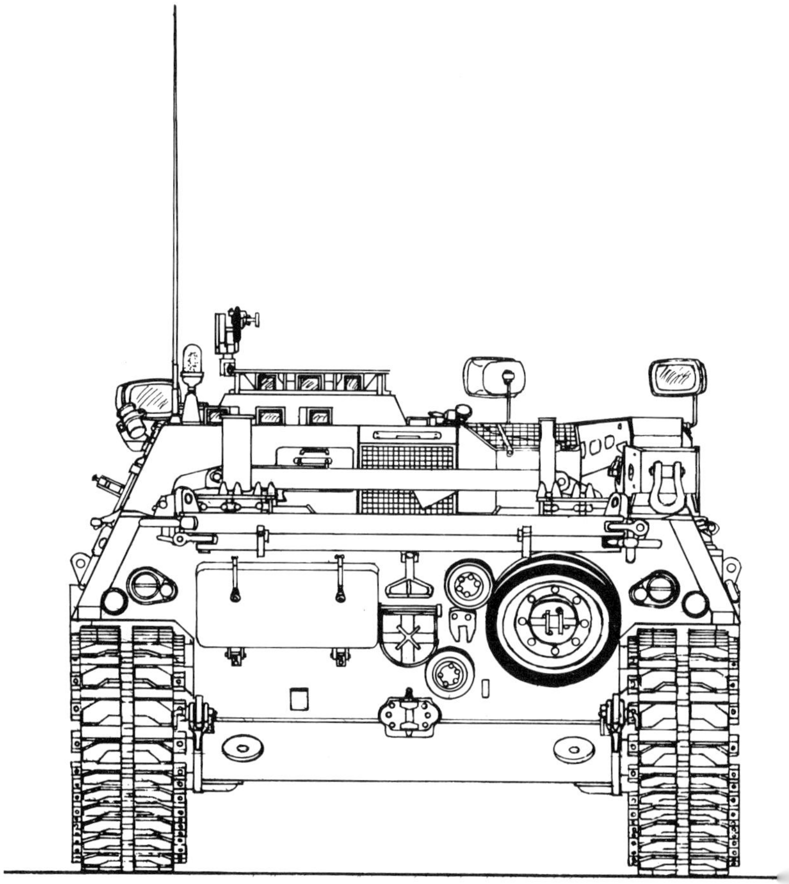

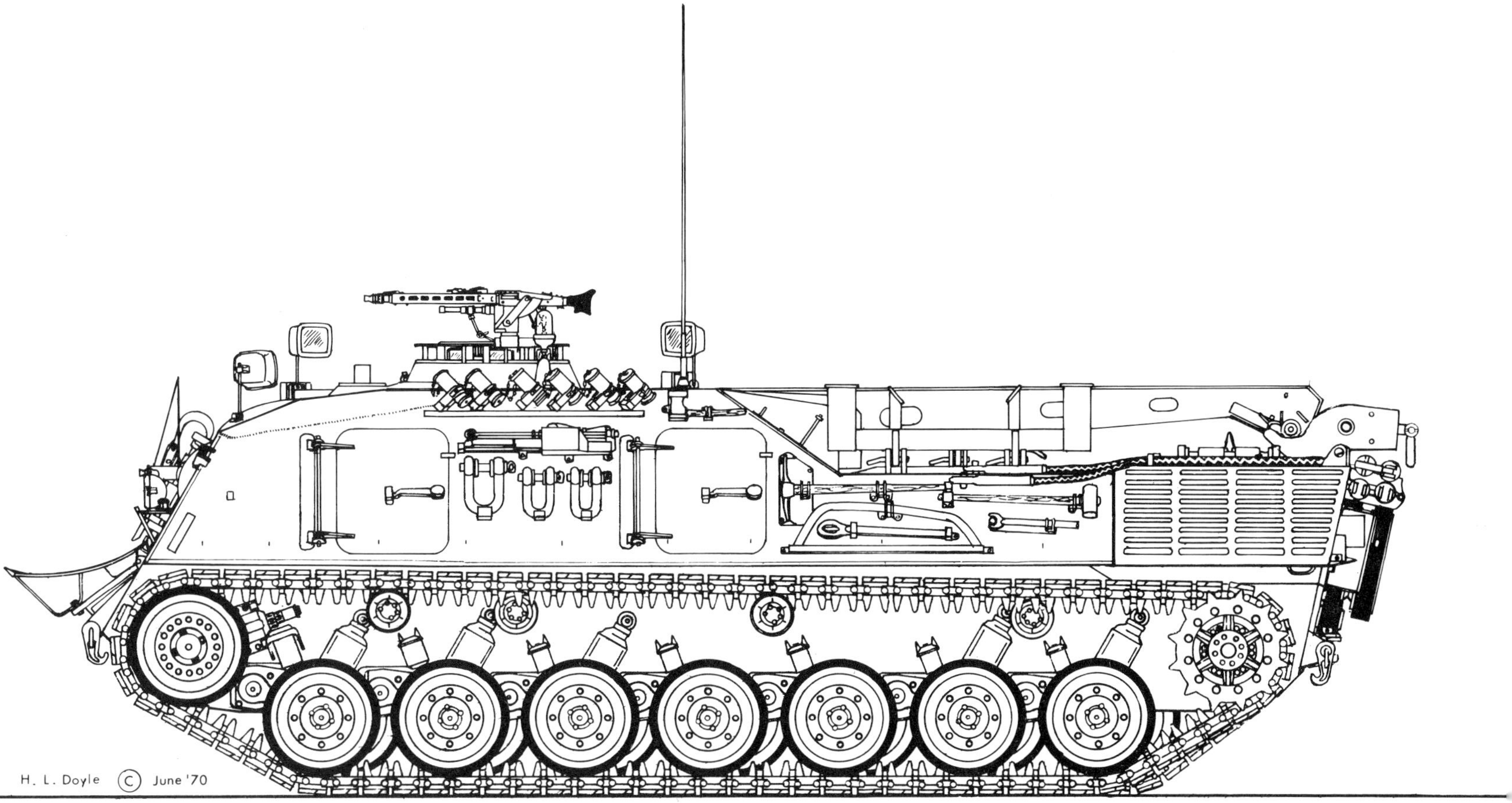

Bergepanzer „Standard“

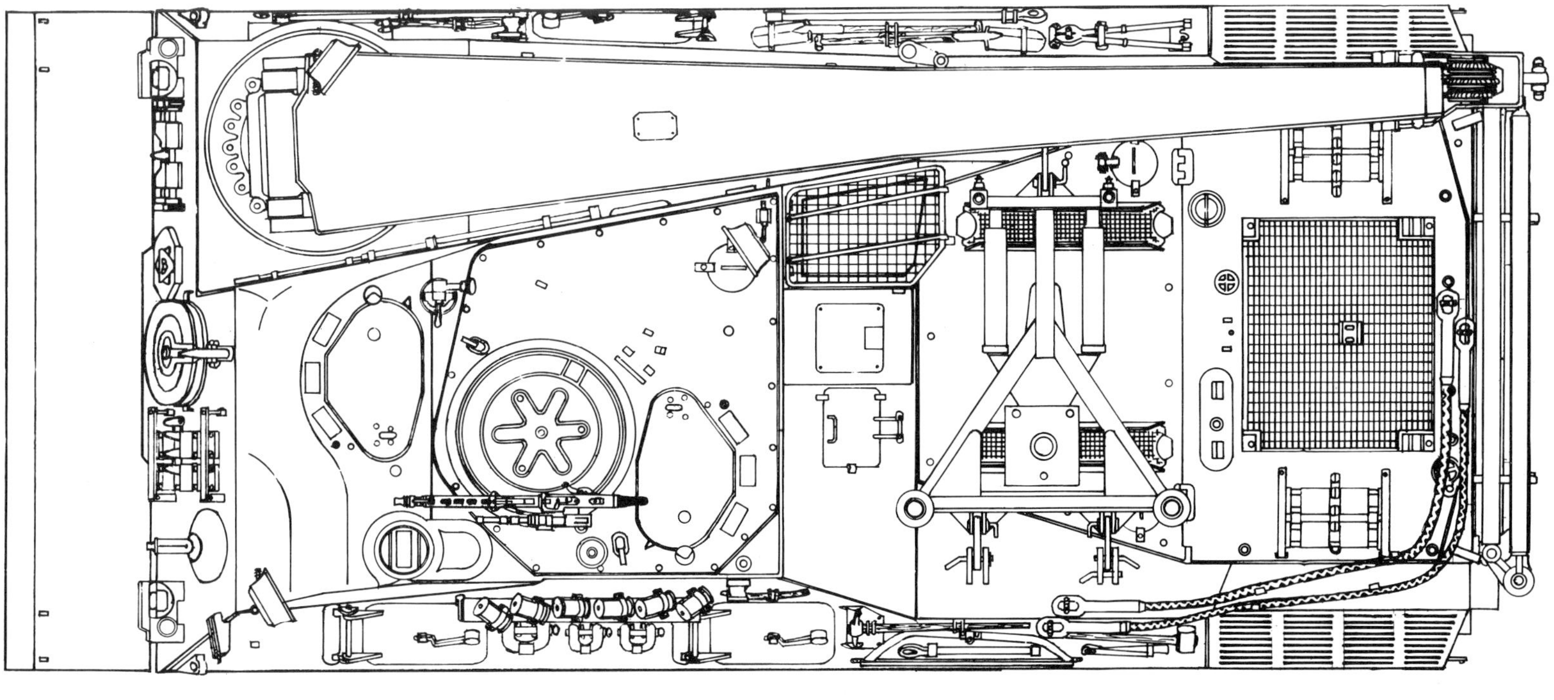

Der im April 1964 von der Firma Jung vorgestellte Prototyp des Bergepanzers „Standard“ mit der Porschebezeichnung „807“.

werk auf der Heckplattform abzusetzen, bestand. Damit konnte auf dem Gefechtsfeld innerhalb kürzester Zeit das Triebwerk ausgewechselt werden.

Das Bergen von Schadfahrzeugen in Minenfeldern in Vor- und Rückwärtsfahrt, um in der Spur des Schadfahrzeuges zu bleiben, war möglich.

Die Schnelligkeit, Beweglichkeit, Vielstoffähigkeit des Motors, ABC-Schutz sowie die Tauchfähigkeit entsprach der des Kampfpanzers »Leopard«. Werkzeug und Gerät zur Durchführung von Instandsetzungen der Erhaltungsstufe 2 konnten mitgeführt werden.

Die Arbeits- und Bergeeinrichtungen des Fahrzeuges bestehen aus den Antriebsaggregaten, der in der Mitte des Fahrzeuges untergebrachten Zugwinde, einer Hubwinde, dem Drehkran mit Schwenkwerk und dem Räumschild. Der Antrieb der hydraulischen Teile erfolgt vom Fahrzeugmotor her über zwei Hydraulik-Flügelpumpen (Hersteller Denison). Das auslaufende Seil der Zugwinde bleibt durch einen hydraulisch abgestimmten Vorlauf der Seilspannvorrichtung immer gespannt. Das Endstück des Seiles kann am Fahrzeugbug wasserdicht und beschußsicher abgedeckt werden. Die Zugkraft der Winde beträgt 35 t, deren Seillänge 90 m. Die Hubwinde ist an der rechten

Die Serienausführung des Fahrzeuges „Bergepanzer 2 (Standard)“ der Firma MAK, Kiel. Erste Auslieferung am 9. September 1966.

Fahrzeugseite untergebracht, der dazugehörige Ausleger ist vorne rechts auf dem Fahrzeug um 360° drehbar gelagert. Zwei splittergeschütze Hydraulikzylinder ermöglichen eine Erhöhung von 72°. Mit diesem Ausleger kann ein 4,3 t schwerer Triebwerkblock durch ein normales Hallentor gefahren werden. Das vorne am Fahrzeug angebrachte, hydraulisch bediente Räumschild dient als Stütze beim Anheben großer Lasten, als Anker beim Arbeiten mit der Zugwinde und als Arbeitsgerät zum Räumen, Planieren oder Schürfen.

Trotz der umfangreichen Ausrüstung ist der Bergepanzer »Standard« in seinem Gesamtkonzept einfach geblieben. Sein Gefechtsgewicht beträgt ca. 40 t. SmK-sichere Panzerung sowie ein eingebautes, neben dem Fahrer liegendes MG 1 und ein FlaMG schützen die Besatzung von vier Mann. Mit einem vergrößerten Treibstoffvorrat von 1550 l ließ sich der Fahrbereich auf 840 km erhöhen. Fast 75 % der Baugruppen des Kampfpanzers konnten unverändert übernommen werden.

Ursprünglich war ein Bedarf von 300 dieser Fahrzeuge für die deutsche Bundeswehr festgelegt worden (Fahrgestellnummern-Bereich 9001–9999). Als Hersteller dieses Fahrzeuges trat die Atlas-MAK Maschinenbau GmbH in Kiel auf, von der am 9. 9. 1966 der

Die Vorder- und Rückansicht des Serienfahrzeuges.

Die rechte und linke Seitenansicht des Serienfahrzeuges.

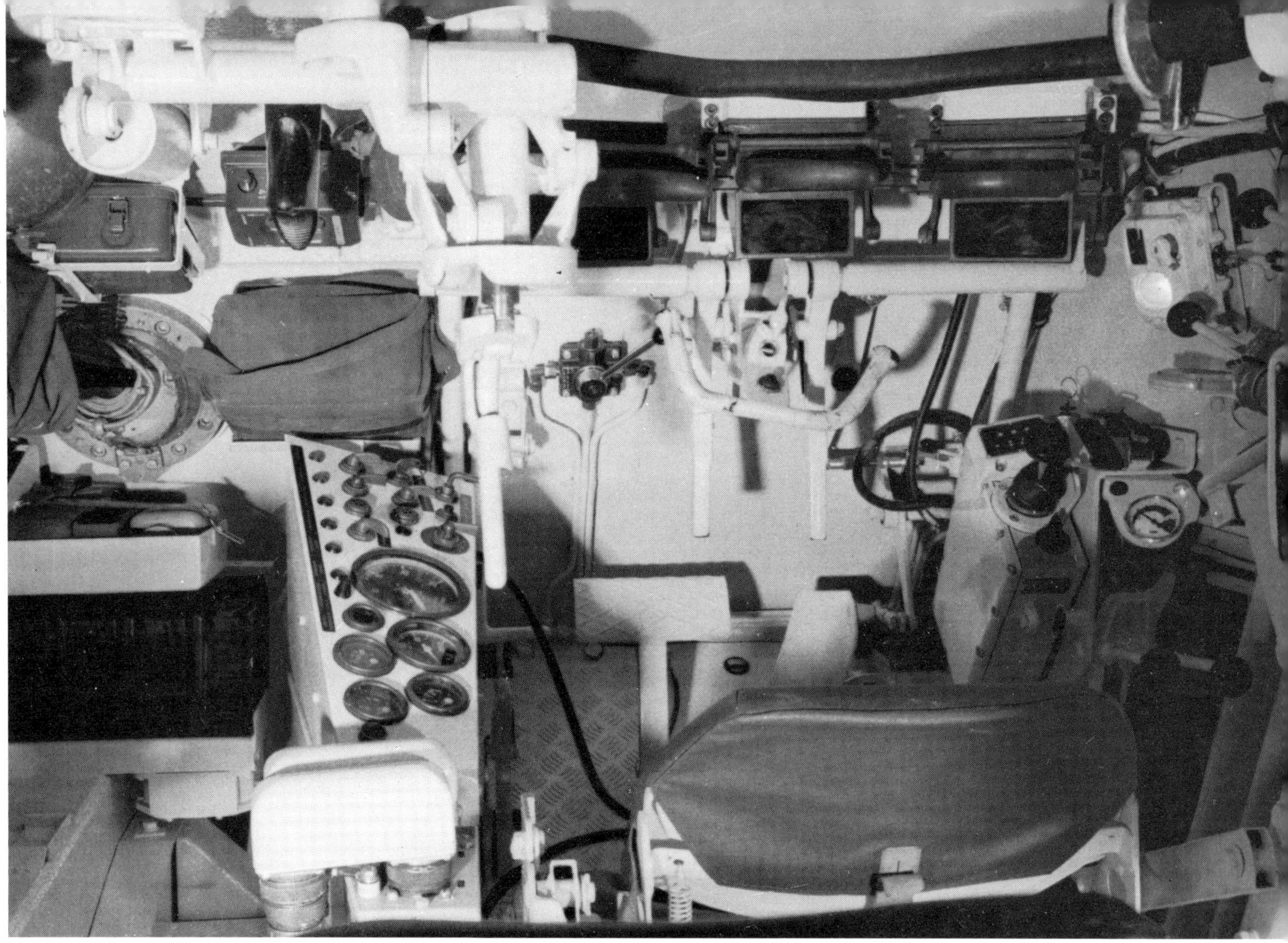

Diese Innenansicht zeigt den Fahrersitz sowie die Bedienungseinrichtung für die Bergeausrüstung.

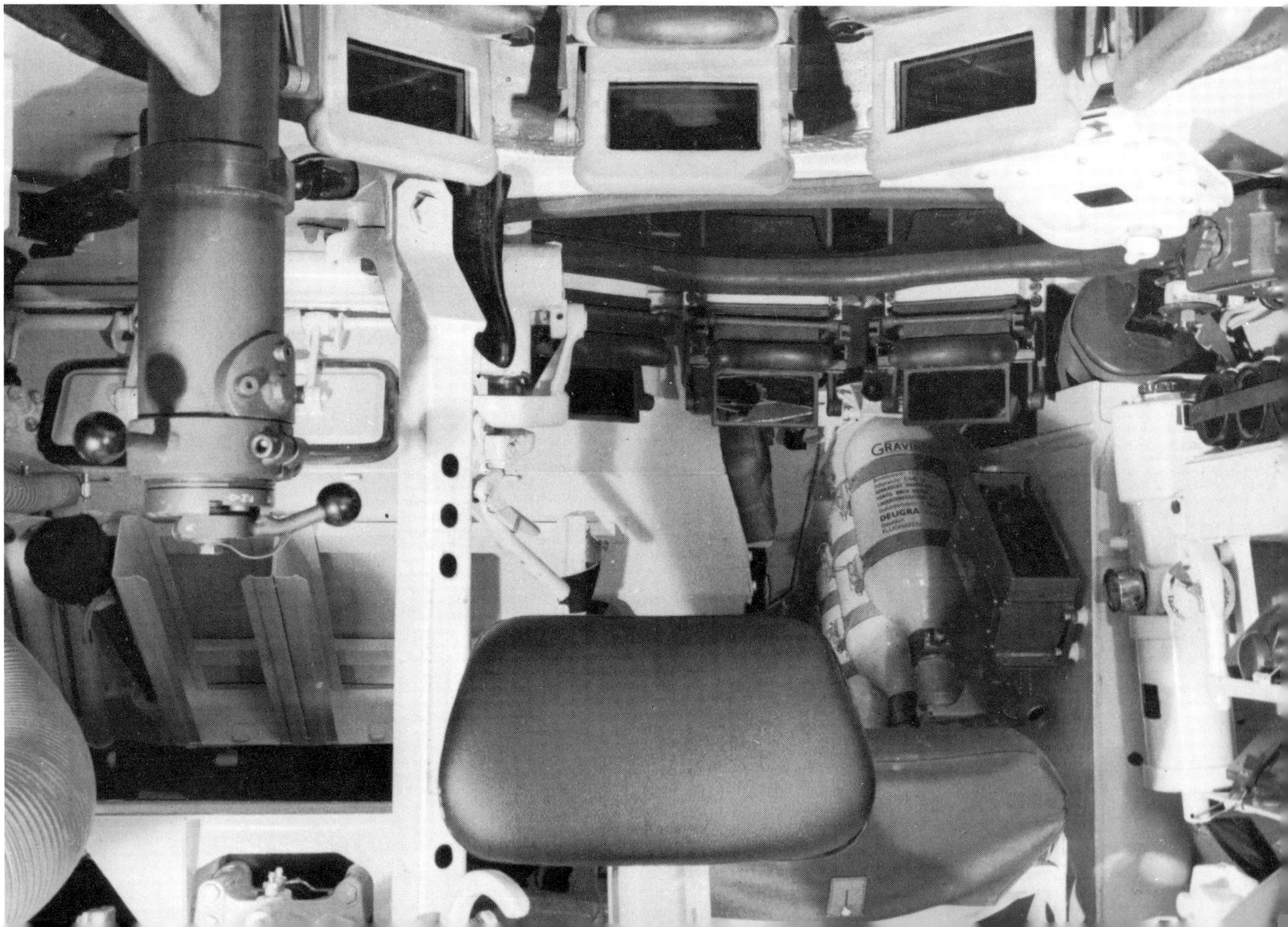

Die Inneneinrichtung des Arbeitsraumes mit Blick auf den Motorraum.

Das Fahrzeug mit abgesenkter Räumschaufel und Kranausleger in Arbeitsstellung.

erste deutsche Serien-Bergepanzer dem Bundesminister für Verteidigung übergeben wurde. Bereits 1968 konnten durch den raschen Zulauf der Bergepanzer »Standard« zur Truppe die zu den mittleren Kampfpanzern M 47 gehörenden Bergepanzer M 74 frei gemacht werden. Für die vorhandenen ca. 350 M-74-Fahrzeuge wurde eine entsprechende Verwendung gesucht. Anfang 1970 waren insgesamt 444 Bergepanzer »Standard« an die deutsche Bundeswehr ausgeliefert. Zusätzlich waren 36 Stück für Belgien, 41 Stück für die Niederlande und 6 Stück für Norwegen in Auftrag gegeben worden. 1971 kamen noch 69 Bergepanzer für Italien hinzu. Weitere Lieferungen sind zu erwarten.

Die offizielle Bezeichnung des Fahrzeuges lautet »Bergepanzer 2 (Standard)«.

Als drittes Mitglied der »Leopard«-Familie wurde Ende 1968 der Pionierpanzer »Leopard« vorgestellt. Mit ihm wurden die Panzerpionierkompanien der deutschen Brigaden verstärkt. Seine Einführung erfolgte ab Frühjahr 1969. Das ebenfalls von der MAK Maschinenbau GmbH in Kiel hergestellte Fahrzeug (Fahrgestellnummern-Bereich 10 001–10 999) gleicht in seiner Gestaltung dem Bergepanzer »Standard«, seine Hauptbaugruppen der Bergeeinrichtung stimmen völlig überein. Der Pionierpanzer soll die Kampftruppe hauptsächlich beim Überwinden und Anlegen von Hindernissen sowie beim Herstellen von Deckungen unterstützen.

Im Gegensatz zum Bergepanzer wurde beim Pionierfahrzeug Wert darauf gelegt, durch Erhöhung der Räumleistung und Einsatz eines Erdbohrgerätes die Arbeitseinsatzmöglichkeiten zu vergrößern. Dazu wurde gegenüber dem Bergepanzer das Räumschild um

Bild zeigt den „Bergepanzer 2“ mit zwei kompletten Triebwerken des „Leopard“, davon eines am Ausleger, das zweite auf der auf der Motorabdeckung angebrachten Plattform.

Unser Bild zeigt das Fahrzeug mit einem „Leopard“-Triebwerk mit höchster Erhöhung des Auslegers, die Räumschaufel dient zur Abstützung des Fahrzeuges beim Heben von voller Last. ▶

Achtung!
Lebensgefahr!

Die nächsten zwei Aufnahmen zeigen den Triebwerkswechsel bei einem Kampfpanzer „Leopard", der von einer geschulten Besatzung des Bergepanzers in weniger als 20 Minuten durchgeführt werden kann.

Auch können andere Schwerlasten geborgen bzw. befördert werden. Unser Bild zeigt das seitliche Anheben eines Schützenpanzers (kurz) mit einem Gesamtgewicht von ca. 8 t.

Auch andere NATO-Staaten haben sich in der Zwischenzeit zur Einführung des „Bergepanzers 2" entschlossen. Unser Bild zeigt ein Fahrzeug der Belgischen Armee.

380 mm erhöht und an den beiden Seiten um je 250 mm verbreitert. Diese Schaufel kann auf Grund ihrer Formgebung zum Planieren, Räumen und Ausheben von Deckungsgräben verwendet werden. Eine Räumleistung von 200 m^3/h bei unbegrenzter Einsatzdauer ist vorausgesetzt. Der Anbau von vier Reißzähnen an die Schaufel ist möglich. Dadurch läßt sich der Pionierpanzer vielseitig verwenden:

- Erd-, Gestein- und Trümmermassen können gelöst und verschoben werden
- Sperren können geräumt bzw. angelegt werden
- Wälle , Dämme und Uferverbauungen können durchstoßen und geöffnet werden
- Einschnitte und Trichter können zugeschoben werden
- Deckungen für Fahrzeuge und Material können hergestellt werden
- Gefrorener und betonierter Boden kann bis zu einer Tiefe von 400 mm aufgerissen werden
- Schnee kann geräumt werden.

Der Drehkran, mit einer Tragkraft von 30 t, stimmt mit dem des Bergepanzers überein, ebenso die Seilwinde, welche eine Leistung von 70 t im Doppelzug aufweist. Damit können Sperren und Gebäudeteile eingerissen bzw. Hindernisse auseinandergezogen werden. Neuentwickelt wurde ein Erdbohrgerät, welches beim Arbeiten am Kranausleger befestigt wird. Sein Antrieb erfolgt über einen hydraulischen Radialkolbenmotor. Dieses Erdbohrgerät kann in der Stunde bis zu 30 Erdlöcher mit einem Durchmesser von 700 mm und einer Tiefe von 1900 mm herstellen. Zur besseren Bedienung und zum Auswechseln des Gerätes wurde der Ausleger mit einer aufgeschweißten Leiter versehen, die nach außen hin den Pionierpanzer vom Bergepanzer unterscheidet. Um die bei der Hydraulikanlage beim Dauerbetrieb anfallende Hitzeentwicklung abzubauen, wurde ein Ölwärmetauscher mit einer Kühlleistung von 10 000 kcal/h vorgesehen. Zusätzlich werden Spreng- und Zündmittel unter Panzerschutz mitgeführt, während das Triebwerkhebegeschirr und die Motorsäge des Bergepanzers beim Pionierpanzer entfallen.

Anfang 1970 hatte die Bundeswehr 36 dieser Fahrzeuge im Auftrag. Insgesamt wurden 105 Pionierpanzer an das Heer geliefert. Italien hatte für 1971 12 dieser Fahrzeuge bestellt, Belgien erhielt 6 Stück. Als Ersatz für die bei der Bundeswehr laufenden amerikanischen Fla-Panzer vom Typ M 42 wurde zuerst ein Fahrzeug der neuen, noch in der Entwicklung befindlichen Schützenpanzerfamilie in Erwägung gezogen. Dieses als »Schützenpanzer neu Flakzwilling 30 mm« bezeichnete Fahrzeug mit den Außenmaßen 6005 x 2980 x 2475 hatte bei vier Mann Besatzung ein Gefechtsgewicht von 27 t. Nachdem davon drei Prototypen (RU 221 und 222 mit vorneliegendem Motor sowie RU 243 mit in der Mitte gelagertem Triebwerk) von der Hanomag gebaut wurden, ließ sich rasch überblicken, daß die sehr schwer werdende Waffen- und Feuerleitanlage vorteilhafter auf dem »Leopard«-Fahrgestell untergebracht werden konnte. Die vorgesehene Zwillingsbewaffnung besaß eine hohe Schußfolge und wies die nötige Feuerdichte zum Beschuß tieffliegender Düsenmaschinen auf. Wie wirkungsvoll diese schnellfeuernden Waffen bei der Fliegerabwehr sind, hat sich in den letzten Jahren in Vietnam überzeugend bewiesen. Auf eine Entwicklung des Zweiten Weltkrieges zurückzugreifen, war müßig, da der einzige vollständig geschlossene Fla-Panzer, das Fahrzeug »Kugelblitz«, nur als Prototyp gebaut wurde und tatsächliche Einsatzwerte nicht ermittelt werden konnten. Es erwies sich jedoch bereits damals, daß die Verwendung eines zu kleinen Fahrgestelles die Feuerkraft und dadurch den Einsatzwert des Fahrzeuges in Frage stellte. Die damalige Behauptung, daß das Fahrgestell des »Panther« zu wertvoll für eine solche Verwendung sei, wurde schnell widerlegt, als vor allem im Westen die Kampfpanzer wegen der drückenden Luftüberlegenheit der Alliierten nicht mehr wirkungsvoll zum Einsatz gebracht werden konnten.

Die Entwicklung des neuen Fla-Panzers wurde wie üblich zweigleisig betrieben, wobei die folgenden militärischen Forderungen gestellt worden waren:

- Volle Kampfautonomie mit Freund-Feind-Kennung
- Hohe Abschußleistung gegen angreifende und aufklärende Flugzeuge, besonders im Tiefflug
- Große wirksame Kampfreichweite
- Kurze Reaktionszeit
- Allwetter-Einsatzfähigkeit
- Weitgehender Schutz gegen elektronische Störmaßnahmen
- Modernes Vollkettenfahrzeug
- Panzerung gegen leichte Infanteriewaffen und Granatsplitter sowie ABC-Schutz der Besatzung
- Wirkungsvolle Selbstverteidigung gegen Bodentruppen
- Einfache Bedienung, Wartung und Versorgung
- Großer schußbereiter Munitionsvorrat für Luft- und Erdzielbeschuß mit umschaltbarer Zuführung zur Waffe
- Ausgewogenes Gesamtsystem mit hoher Kostenwirksamkeit
- Einführungsreife des Systems innerhalb einer kurzen und überblickbaren Zeitspanne.

Eine der Firmengruppen, welche sich für diese Entwicklung zusammenschloß, bestand aus den Firmen AEG-Telefunken, Krauss-Maffei, Porsche, Rheinmetall und Siemens. Das Projekt lief unter der Entwicklungsbezeichnung »Mobiles Allwetter-Tiefflieger-Abwehrsystem mit Doppler-Radar und 30-mm-Zwillingskanone

Als drittes Mitglied der „Leopard"-Familie trat ab Ende 1968 der Pionierpanzer auf. Seine Einführung erfolgte ab Frühjahr 1969. ▶

Von diesem Fahrzeug hat die Bundeswehr 105 Stück, Belgien 6 und Italien 12 Stück beschafft. ▶

Die Übersichtsskizze zeigt das gegenüber dem Bergepanzer vergrößerte Räumschild und die auf dem Ausleger angeschweißte Leiter.

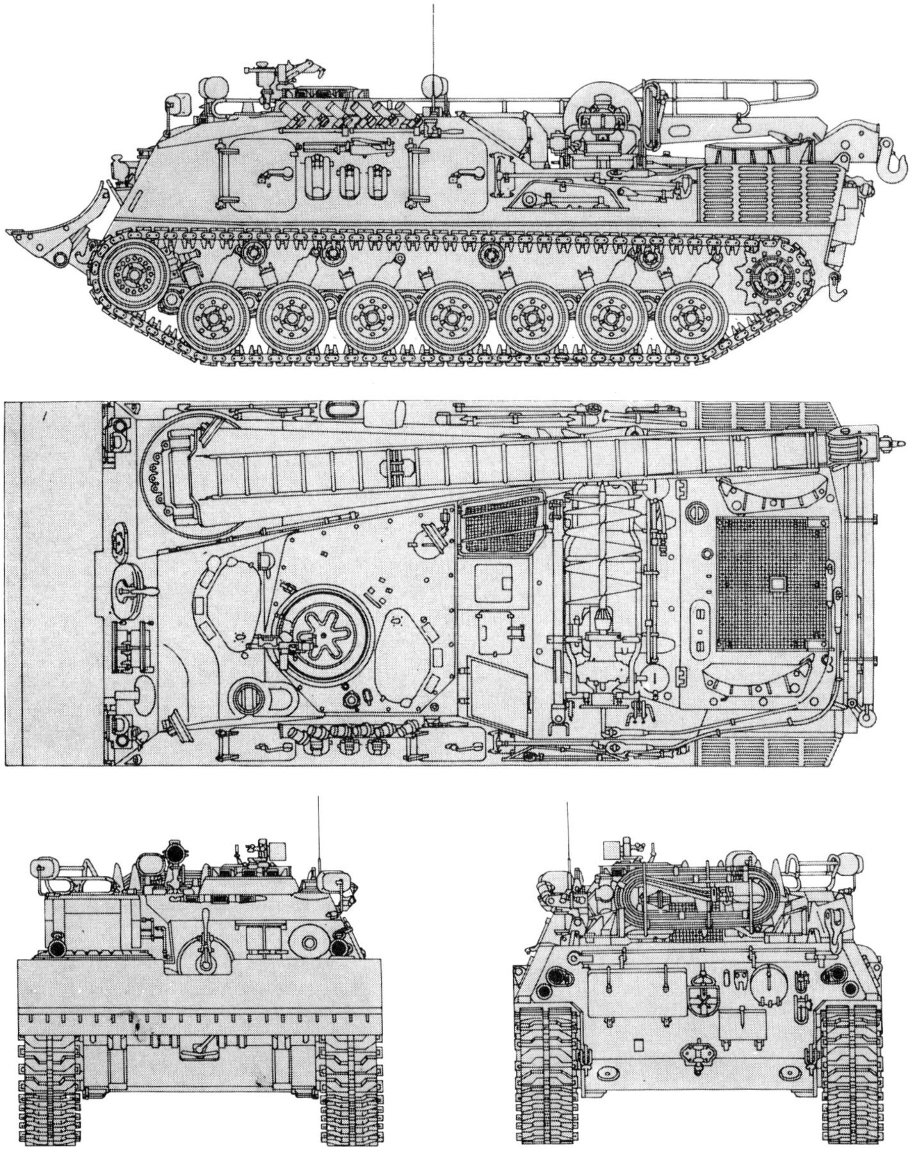

auf Fahrgestell Leopard, Autonom« oder abgekürzt »Matador 30 ZLA«. Die Porschetypenbezeichnung lautete »1833«. Nur geringfügige Änderungen am »Leopard«-Fahrgestell waren nötig und hauptsächlich dadurch bedingt, daß der das Waffensystem antreibende Generatorsatz von einem Mehrstoff-Verbrennungsmotor angetrieben wird, dessen Auspuffanlage vorne links am Fahrzeug untergebracht ist. Der Generatorsatz selbst ist im Vorderteil des Fahrzeuges neben dem Fahrer eingebaut und so angeordnet, daß dadurch auch unmittelbar die hydromechanische Turmschwenkeinrichtung angetrieben werden kann. Der von Rheinmetall entwickelte Drehturm enthält und schützt die wesentlichen Baugruppen des Waffensystems, nämlich das Rundsuchradargerät, die Feuerleitanlage, die Waffenanlage, die Munitionsbehälter und Gurtkanäle, die Optiken, die zentralen Bedienungseinrichtungen und den Kampfraum für die zwei-

Eine Spezialausrüstung ermöglicht das Anbringen eines hydraulisch betriebenen Erdbohrers. Damit können in der Stunde bis zu 30 Erdlöcher mit einem Durchmesser von 700 mm und einer Tiefe bis zu 1900 mm gebohrt werden.

Die Firma Porsche erstellte neben Studien für einen mittleren Artillerie-Raketenwerfer auch Vorschläge für Panzerhaubitzen vom Kaliber 135 bzw. 155 mm auf dem Fahrgestell des „Leopard“. Es wurden jedoch nur Holzmodelle gefertigt.

köpfige Turmbesatzung. Kommandant und Richtschütze haben je eine elektrisch oder von Hand bediente Ausstiegsluke. Eine Klimaanlage sowie die Anwendung der letzten Erfahrungen der Anthropotechnik erlauben der Besatzung einen zeitmäßig fast unbegrenzten Aufenthalt im Fahrzeug.

Die zur Verwendung kommende 30-mm-Zwillingskanone ist ebenfalls eine Neuentwicklung der Firma Rheinmetall. Das Richten der Waffe erfolgt automatisch oder manuell. Im Notfalle ist Handbetrieb vorgesehen. Toxische Gase sowie ausgestoßene Geschoßhülsen werden seitlich ins Freie befördert. Ein außergewöhnlich hoher Munitionsvorrat ist vorhanden.

Die Elektronik des Fla-Panzers ermöglicht die geforderte Autonomie und erledigt folgende Hauptaufgaben:

- Luftlage-Ermittlung ohne Festzeichenstörung
- Luftlage-Darstellung mit gleichzeitiger Freund-Feind-Ermittlung
- Zielverfolgung und Feuerleitung
- Zielbekämpfung.

Durch die Verwendung des sogenannten Dopplerradarprinzips können Flugziele nach Zielentfernung und Geschwindigkeit vermessen werden. Das als Rundsuchradargerät am hinteren Turmende aufgebaute Pulsdopplerradargerät kann alle im in Frage kommenden Höhen- und Entfernungsbereich fliegenden Ziele erfassen. Aufgefaßte und identifizierte Ziele werden dann vom vorne am Turm halbkugelförmig untergebrachten Feuerleitradargerät übernommen, während das Rundsuchradar sich mit neuen Zielen befaßt. Das Feuerleitradargerät übernimmt Feuerleitung und Zielverfolgung und errechnet unter anderem die Zielbahn und die Vorhaltswerte. Die aus einem Hauptrechner und einem Zweitrechner bestehende elektronische Datenverarbeitungsanlage ermöglicht die automatische Zusammenarbeit sämtlicher Geräte. Die Bekämpfung des Zieles erfolgt ebenfalls vollautomatisch.

Zusammenfassend ergeben sich folgende Leistungen des neuen Waffensystems:

- Luftlage-Ermittlung bei hohen Flugzeuggeschwindigkeiten und niedrigen Flughöhen, auch in schwierigem Gelände

Luftlage-Darstellung, die mit einer Panoramadarstellung alle im Erfassungsbereich befindlichen Flugzeuge darstellt und eine Bedrohungsabschätzung der einzelnen Flugzeuge ermöglicht

Zielverfolgung und Feuerleitung mit automatisch arbeitenden Geräten in geringstmöglichen Zeiten.

Zwei Prototyp-Fahrzeuge des »Matador«-Waffensystems gingen Anfang 1970 in den Werksversuch. Während die Erprobung der Waffenanlage hauptsächlich bei der Rheinmetall in Unterlüß stattfand, erfolgte die Systemüberprüfung der elektronischen Anlage bei der Firma Telefunken in Erbach bei Ulm. Nach Abschluß der Werksuntersuchungen wurden beide Fahrzeuge einer Erprobungsstelle der Bundeswehr übergeben. Die Bundeswehr hatte auch die Finanzierung des »Matador«-Waffensystems übernommen. Im Gegensatz dazu handelte es sich bei der Parallelentwicklung eines Fla-Panzers der Firmengruppe Örlikon-Bühle, Contraves und Albiswerk um eine reine Privatentwicklung. Wiederum war das Fahrgestell des »Leoparden« als Grundlage des Waffensystems vorgesehen.

Unter Verwendung des „Leopard"-Fahrgestelles schuf die französische Firma GIAT eine 155-mm-Panzerhaubitze mit schneller Schußfolge unter der Bezeichnung „155 GCT/Leopard". Derzeit sind nur Prototypen dieses Fahrzeuges vorhanden.

In der Zwischenzeit wurde mit der deutsch-englischen Gemeinschaftsentwicklung einer Panzerhaubitze 70 begonnen, an deren Entwurf sich nun auch Italien beteiligt. Es wurde bis heute eine hölzerne Attrappe gezeigt, wobei der kraftfahrtechnische Teil hauptsächlich aus der „MBT 80"-Kampfpanzer-Entwicklung entnommen werden soll. Unser Bild zeigt die Holzattrappe der „SP 70".

Nach eingehender Truppenerprobung kam es am 26. 6. 1970 zu folgender Entscheidung in der Fla-Panzer-Frage:

> Auf Grund der jetzt vorliegenden Untersuchungsergebnisse wird die Entwicklung des 30-mm-Panzer-Fla-Waffensystems eingestellt; das im Zusammenhang mit dieser Entwicklung vorgesehen gewesene Feuerleitgerät soll jedoch weiter entwickelt werden.
>
> Der Fla-Panzer M42 soll Mitte der siebziger Jahre durch ein 35-mm-Panzer-Fla-Waffensystem ersetzt werden.
>
> Über die Beschaffung eines ersten Loses wird zu einem späteren Zeitpunkt entschieden.

Wesentliche Elemente der eingestellten Entwicklung werden in das 35-mm-System eingeschleust, andere kommen weiteren Aufgaben der Luftverteidigung zugute. Für die Entwicklung des 30-mm-Waffensystems waren insgesamt 185 Millionen DM vorgesehen, von denen bis zur Einstellung des Projektes 93 Millionen DM ausgegeben waren.

Die Entwicklung des ausgewählten 35-mm-Waffensystems begann mit Grundsatzüberlegungen im Jahre 1963. Der 1965 fertiggestellte Entwurf zeigte einen Fla-Panzer mit zwei 35-mm-Schnellfeuerkanonen der Werkzeugmaschinenfabrik Örlikon-Bührle AG in Zürich. Zur Aufnahme der Bewaffnung und der Feuerleiteinrichtung wurde ein Panzerfahrgestell der 30- bis 40-t-Klasse notwendig. Bei 1966 hatte sich Örlikon-Bührle mit Albiswerk zusammengeschlossen, um die Entwicklung und den Zusammenbau eines selbstfahrenden 35-mm-Flugabwehrsystems durchzuführen. Im gleichen Jahr schloß diese Firmengruppe einen Entwicklungsauftrag mit dem Bundesverteidigungsministerium über die Lieferung von zwei Prototypfahrzeugen ab. Dabei sollte der Suchradar von der N. V. Hollandse Signaalapparaten beigestellt werden ,während der Verfolgungsradar von der Firma Albiswerke geliefert werden sollte. Die Feuerleitanlage wurde bei Contraves gefertigt, die Bewaffnung selbst kam von Örlikon. Dazu stellte die Firma Krauss-Maffei ein »Leopard«-Fahrgestell zur Verfügung. Ein dritter Erprobungsträger wurde zur Weiterentwicklung bei Örlikon-Contraves bereitgestellt, dessen erste Prüfläufe im Mai 1968 begannen. Derselbe Prototyp wurde im November 1968 zu den ersten Schießversuchen eingesetzt und zeigte grundsätzlich die Einsatzfähigkeit des Waffensystems.

Dieser Fabriks-Prototyp diente als Grundlage für das erste Versuchsfahrzeug, welches unter der Typenbe-

Die Firma Rheinmetall schuf mit dem Vorschlag „Matador 30 ZLA" zum ersten Male ein bewegliches Allwetter-Tiefflieger-Abwehrsystem. Das gesamte System war auf einem „Leopard"-Fahrgestell untergebracht und mit zwei 30-mm-Schnellfeuerkanonen bestückt. Im Juni 1970 wurde diese Entwicklung zugunsten des Oerlikon-Entwurfes eingestellt.

zeichnung »5 PFZ-A« Ende 1968 an das Bundesverteidigungsministerium geliefert wurde. Der zweite Prototyp folgte im Frühjahr 1969. Mit diesen zwei Prototypen wurden im Laufe des Jahres eingehende Versuche unternommen, wobei vor allem die radarkontrollierte Feuerleiteinrichtung und die Bewaffnung geprüft wurde. Schießversuche gegen gezogene und ferngesteuerte Luftziele rundeten diese Untersuchungen ab. Im Gegensatz zum Rheinmetall-System erfolgte der Waffeneinbau an der Außenseite des Drehturmes. Die Zugängigkeit zu den Kanonen wurde bedeutend erleichtert. Die Untersuchung war im Februar 1970 abgeschlossen.

Fortschritte in der Entwicklung von Radar führten zu einer zweiten Baureihe von Entwicklungsfahrzeugen. Dabei ergab sich der Typ »5 PFZ-B«, der nunmehr das

Der schematische Aufbau des Rheinmetall Tiefflieger-Abwehr-Systemes:

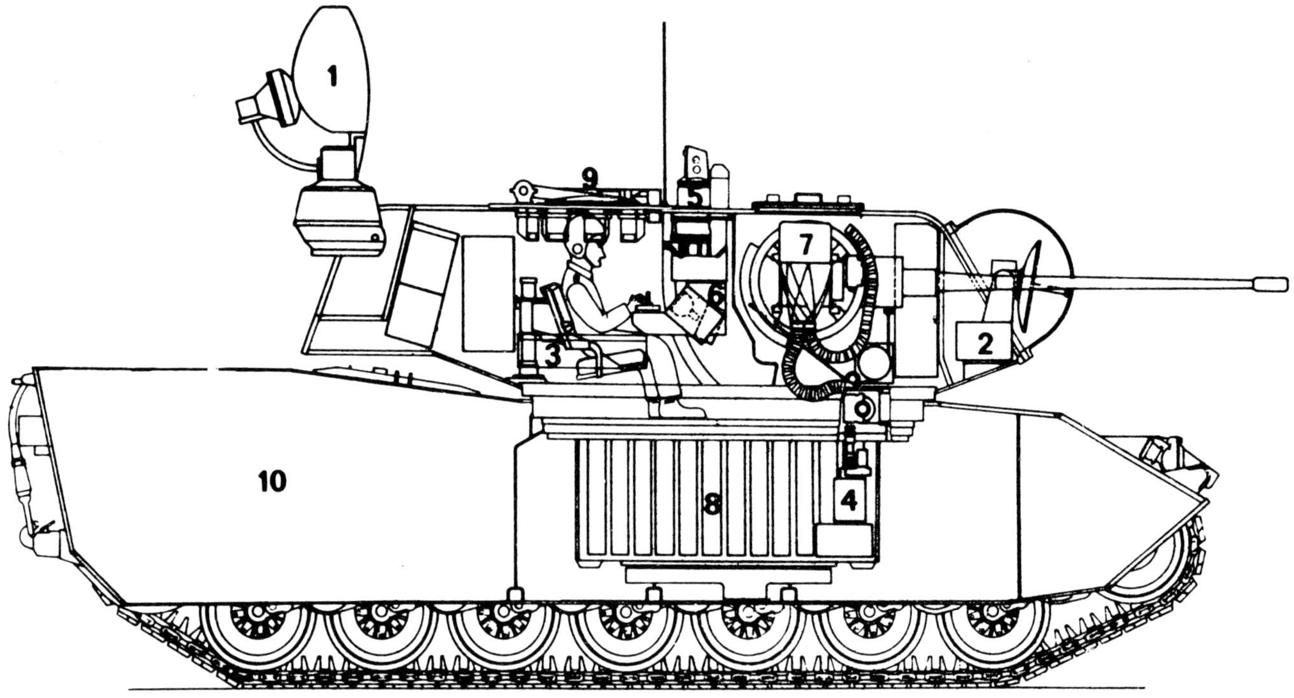

1 Überwachungsradar (Siemens)
2 Feuerkontrollradar (AEG Telefunken)
3 Hauptrechner (AEG Telefunken)
4 Nebenrechner (Rheinmetall)
5 Überwachungsoptik (Rheinmetall)
6 Bedienungskonsole
7 Waffeneinbau (Rheinmetall)
8 Munitionsbehälter
9 Turm mit Turmluken (Rheinmetall)
10 Fahrgestell (Porsche/Krauss-Maffei)

von der Firma Siemens entwickelte Puls-Doppler-Radar vom Typ »MPDR 12 «aufnahm. Das Feuerleitradar der Firma Albiswerke wurde ebenfalls auf Dopplerfunktion umgestellt. Die damit ausgerüsteten Prototypen des Fahrzeuges »5 PFZ-B «kamen im Frühjahr 1971 zur Auslieferung.

Eine holländische Ausführung dieses Fla-Panzers unter der Typenbezeichnung »5 PFZ-C« war 1968 in Auftrag gegeben worden. Dabei kam der Suchradar der Firma Hollandse Signaalapparaten zum Einbau. Der Prototyp wurde im Herbst 1970 abgeliefert, vier weitere sollen bis 1974 geliefert werden. Die holländische Armee benötigt rund einhundert dieser Fahrzeuge.
Der Fla-Panzer »Leopard« hat Such- und Feuerleitradar, Rechenanlage, Feuerleiteinrichtung sowie Waffenanlage auf einem nur leicht veränderten »Leopard«-Fahrgestell aufgebaut. Eine dreiköpfige Besatzung, bestehend aus Kommandant, Richtschützen und Fahrer, ist ausreichend, um das gesamte Waffensystem zum Einsatz zu bringen. In seinem Grundkonzept entspricht das Örlikonsystem dem des Fla-Panzers »Matador. Die Bewaffnung hat eine Kadenz von 550 Schuß per Minute bei einer Mündungsgeschwindigkeit von 1175 m/sek. Die Munitionsversorgung erfolgt mittels Gurt. Die Abfuhr von toxischen Gasen und der Kartuschen ist auf Grund der Außenanbringung der Bewaffnung wesentlich erleichtert. Sämtliche außenliegenden Teile sind gepanzert. Die Munitionsergänzung kann durch die Besatzung innerhalb von 20 Minuten erfolgen. Insgesamt stehen 700 Schuß Mu-

Im Gegensatz zur Rheinmetall-Ausführung zeigt die Oerlikon-Lösung zwei 35-mm-Schnellfeuerkanonen in außenliegender Lafettierung. Unser Bild zeigt eines der Prototyp-Fahrzeuge, wobei die kraftfahrzeugtechnische Lösung wiederum von der Firma Porsche übernommen worden war.

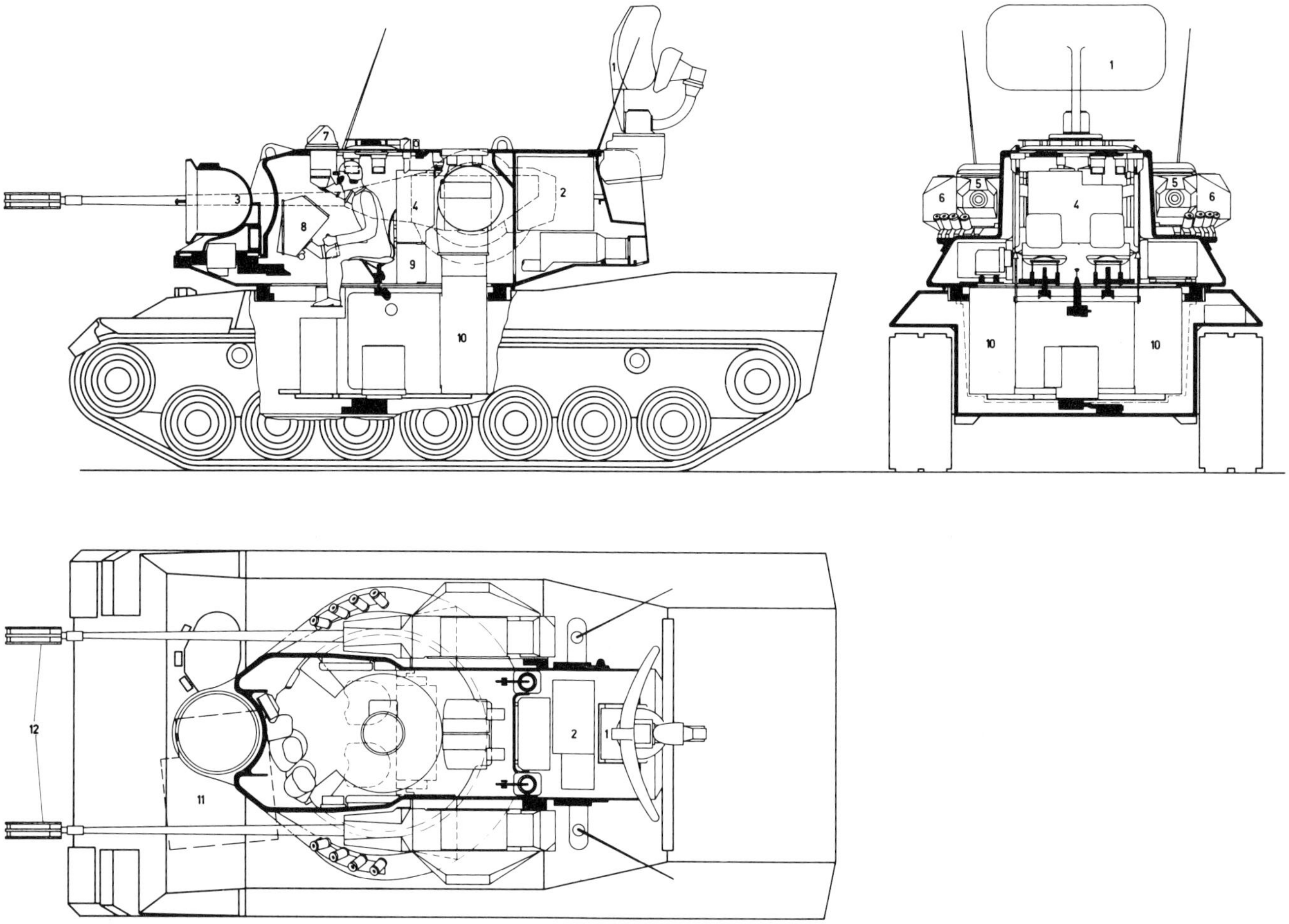

Beide schematischen Skizzen zeigen die Unterschiede zwischen der deutschen Ausführung „5 PFZ-B“ und der holländischen Lösung „5 PFZ-C“.

1 Überwachungsradarantenne
2 Überwachungsradar mit Freund-Feind Erkennung
3 Feuerleitradar
4 Feuerleitradar Sender/Empfänger
5 35 mm Kanonen
6 Außenliegende Magazine für panzerbrechende Munition
7 Periskope
8 Bedienungskonsole
9 Rechner für Feuerkontrolle
10 Munitionsbehälter
11 Nebenantriebsaggregat
12 Mündungsgeschwindigkeitsermittler

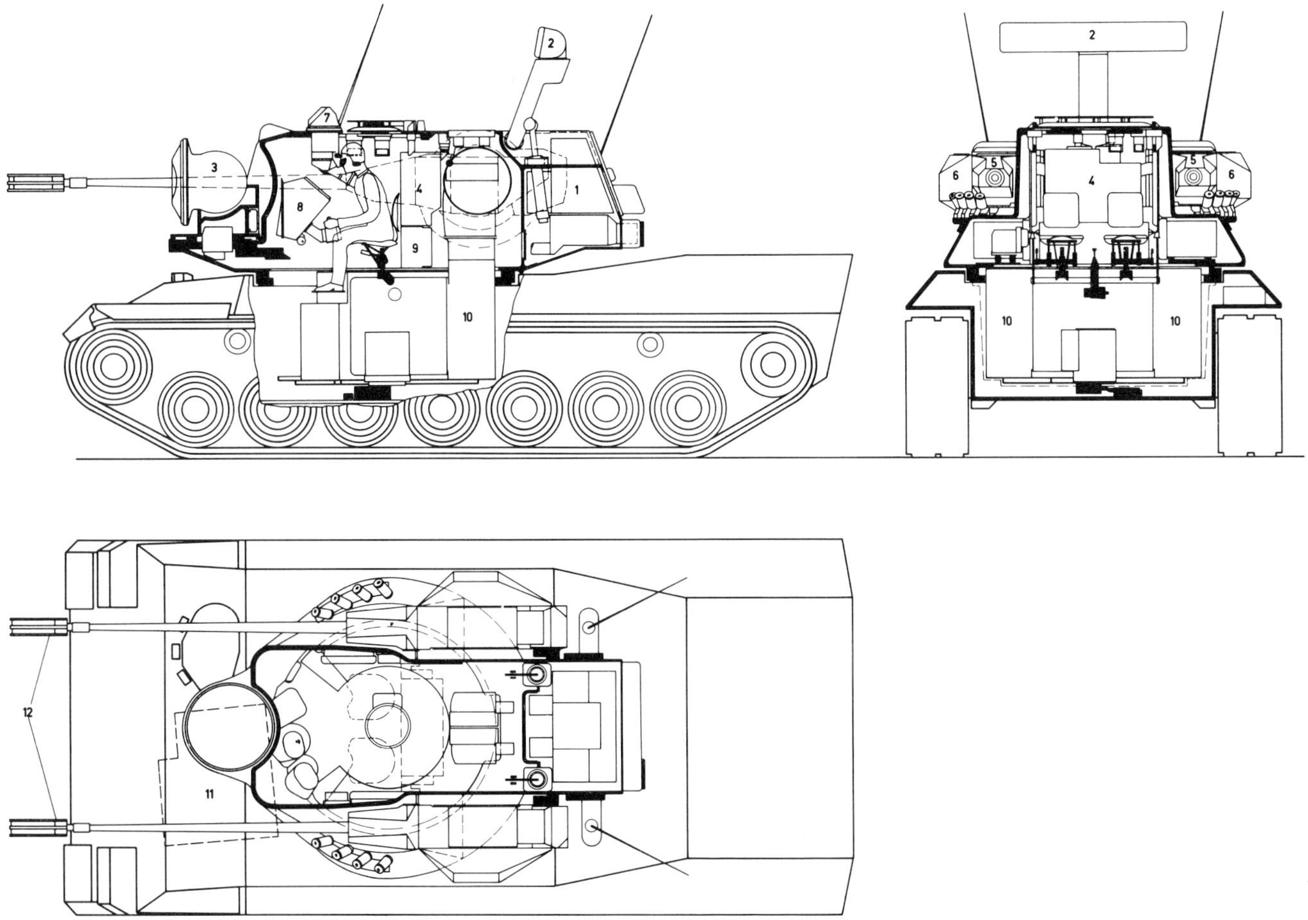

1 Überwachungsradar Sender/Empfänger mit Freund-Feind Erkennung
2 Überwachungsradarantenne
3 Feuerleitradar
4 Feuerleitradarrechner
5 35 mm Kanonen
6 Außenliegende Magazine für panzerbrechende Munition
7 Periskope
8 Bedienungskonsole
9 Rechner für Feuerkontrolle
10 Munitionsbehälter
11 Nebenantriebsaggregat
12 Mündungsgeschwindigkeitsermittler

nition zur Verfügung, davon 40 Schuß panzerbrechende Geschosse, welche gesondert in gepanzerten Behältern an der Außenseite der Bewaffnung untergebracht sind. Die gesamte Waffenanlage wird wiederum von einem Zusatztriebwerk bedient, welches über einen Generator unabhängig vom Haupttriebwerk die Unabhängigkeit der Waffenanlage sichert. Das Waffensystem »Fla-Panzer-Leopard« ist dadurch vollkommen autonom und als solches völlig unabhängig in seinem Einsatz. Es ist damit das erste einsatzfähige, allwetterfähige und gepanzerte Flugabwehrsystem zum Schutze der Kampfpanzer.

Es besteht zusammenfassend hauptsächlich aus

den 35-mm-Örlikon-Zwillingskanonen. Diese Waffen entsprechen im wesentlichen der 35-mm-Zwillings-FLAMK. Die Kanonen der Fla-Panzer haben jedoch doppelte Munitionsgurtführung und können – für den Erdzielbeschuß – auf panzerbrechende Munition umgeschaltet werden. Die Munition ist die gleiche wie bei der 35-mm-FLAMK in Erdlafette.

Rundsuchradar mit integriertem IFF-Gerät

Zielfolgeradar, das in der Lage ist, mit hoher Festzeichenunterdrückung ein erfaßtes Flugziel vollautomatisch zu verfolgen und kontinuierlich zu vermessen

Feuerleitgerät, das wie schon das Zielfolgeradar eine Weiterentwicklung des bekannten Feuerleitgerätes »Superfledermaus «ist.

Im Juni 1971 wurde der erste Prototyp des Fahrzeuges »PFZ-B« an die Bundeswehr geliefert, drei weitere folgten Ende des Jahres. Zwölf weitere Fahrzeuge, mit Auslieferung 1973, waren bei Krauss-Maffei in Auftrag gegeben. Die erste Erprobungsphase des nunmehr offiziell als »Fla-Panzer 1« bezeichneten Flugabwehrpanzers 35 mm (Örlikon)war im März 1972 abgeschlossen. Der Fahrzeugpreis wurde mit ca. 5 Millionen DM angegeben.

1973 lief die Beschaffung von insgesamt 432 »Fla-Panzern 1« im Gesamtwert von 2,1 Milliarden DM an. Damit werden 11 Flugabwehrbataillone ausgerüstet, deren je 3 schießende Kampfbatterien pro Batterie 12 Fla-Panzer erhalten.

Das 2. Fla-Lehr-Bataillon 610 erhält 12 dieser Fahrzeuge, und 14 weitere sind für die Truppenschulen des Heeres bestimmt. Die Umlaufreserve beträgt 10 Fahrzeuge.

Anfang September 1973 wurde auf dem Schießplatz der Flugabwehrtruppen in Todendorf an der Ostsee der neue Fla-Panzer unter der Bezeichnung »Gepard« der Öffentlichkeit vorgestellt. Ab 1976 soll die Zuteilung dieser Fahrzeuge zur Truppe erfolgen. Holland hat in der Zwischenzeit 95, Belgien 50 und Italien 130 dieser Fla-Panzer in Auftrag gegeben.

Bei der ursprünglichen Konzeptüberlegung zur Schaffung des Waffensystems »Leopard« ergaben sich neben den bereits aufgeführten Abarten noch Studien über Panzerhaubitzen mit Kalibern von 135 bzw. 155 mm (Porschetyp 1789). Dabei war die Waffe in einem 360°-Drehturm untergebracht und die Besatzung völlig unter Panzer geschützt. Im Rahmen der Vereinheitlichung der Artillerie innerhalb der NATO-Staaten und mit der Einführung der amerikanischen Fahrzeuge M 109 G (155 mm) und M 107 (175 mm) in größerer Stückzahl wurde die vorläufige Artillerieausrüstung der Bundeswehr abgeschlossen.

Im Rahmen der Entwicklung einer neuen europäischen schweren Feldhaubitze, die gemeinsam von England und der Bundesrepublik Deutschland betrieben wird, ergab sich auch die Forderung nach einer Selbstfahrlafette für diese Waffe. Die gezogene Ausführung der 155-mm-»FH 70« wurde im September 1970 zum ersten Male Vertretern der NATO-Streitkräfte vorgeführt. Ab 1970 beteiligt sich auch Italien aktiv an dieser Entwicklung.

Eine Holzattrappe der Selbstfahrlafette wurde im Juni 1972 zum ersten Male gezeigt. Fahrgestellmäßig kommt aller Voraussicht nach der von England und der BRD gemeinsam zu entwickelnde »Kampfpanzer 80« zur Verwendung. Mit dem Bau erster Prototypen wurde 1973 begonnen.

Die unabhängig von Frankreich betriebene Entwicklung einer 155-mm-Artillerie-Selbstfahrlafette zeigte sich erstmals anläßlich der im Juni 1973 abgehaltenen Heereswaffenschau in Satory. Die Panzerhaubitze 155 GCT war auf dem Fahrgestell des Kampfpanzers »AMX 30« aufgebaut. Der Turm mit der neuen 155-mm-Kanone L/40 hat einen 360°-Seitenrichtbereich mit einer Erhöhung von –5 bis +66°. Das Fahrzeug hat nur vier Mann Besatzung und verfügt über einen

großen Munitionsvorrat von 42 Schuß. Auch wurde auf leichte Nachmunitionierung größter Wert gelegt.
So vereint dieser Entwurf schnelle Schußfolge durch einen vollautomatischen Lader und verbrennbare Hülse mit der Beweglichkeit eines modernen Kampfpanzers. Gegenüber dem »FH 70«-Selbstfahrlafettenentwurf tritt lediglich der hohe Aufzug des Fahrzeuges unvorteilhaft in Erscheinung.
Interessant ist in diesem Zusammenhang die Tatsache, daß die Herstellerfirma GIAT (Groupement Industriel des Armaments Terrestres) in Zusammenarbeit mit der Krauss-Maffei AG den unveränderten Drehturm mit der 155-mm-Kanone auch auf dem Fahrgestell des KPz »Leopard« aufgebracht hat. Damit werden vor allem die Streitkräfte angesprochen, die logistisch bereits mit »Leopard«-Fahrzeugen ausgerüstet sind.
Ebenfalls als Studie entstand ein mittlerer Artillerie-Raketenwerfer. Ursprünglich war dieser Raketenwerfer 300 mm, Porschetyp »1788«, zum Einbau auf das »Leopard«-Fahrgestell vorgesehen. Anstelle des »Leopard«-Fahrgestelles wurde dann für diese Versuche die leichte Panzerfamilie herangezogen. Hanomag stellte dazu 1965 den Typ »RU 242« und Henschel das Fahrzeug »2 HK 2/1« zur Verfügung. Ab 1964 wurde diese Entwicklung jedoch auf Radfahrzeuge umgestellt. Daraus ergab sich das Waffensystem »Mehrfachwerfer 110 mm«, welches, von Wegmann entwickelt, bis Oktober 1971 in einer Stückzahl von 200 Einheiten an die Bundeswehr ausgeliefert wurde.
Überlegungen, einen schweren Kanonenjagdpanzer auf dem »Leopard«-Fahrgestell unterzubringen, werden noch heute verfolgt. Dabei kam es auch zu Vorschlägen, die einen starren Einbau der Hauptbewaffnung wie beim schwedischen Panzer »S« untersuchen. Die Zukunft wird zeigen, ob ein Bedarf für ein derartiges Fahrzeug vorliegt.
Eine weitere Studie, angeregt durch die Firma Porsche (Porschetyp 1906), befaßte sich mit einem Brückenlegepanzer. Die bisher bei der Bundeswehr eingesetzten US-Brückenlegepanzer »AVLB «auf dem Fahrgestell des M 48 A 2 hatten sich bewährt, entsprachen jedoch wegen ihres umfangreichen Gesamtaufzuges nicht den taktischen Forderungen der Truppe. Vor allem ihre Anordnung als Klappbrücke ergab beim Verlegen für kurze Zeit ein nicht zu übersehendes Ziel. Als Grundforderung wurde daher bei der Neuentwicklung der Kampfbrücke ein flaches Verlegen gefordert. Mit ihm sollten Panzerpioniereinheiten unter Feindeinwirkung in kürzester Zeit schmale Geländeeinschnitte und Gewässer überwinden können. Bei einer vorgesehenen Stützweite von 20 Metern können ca. 60 % aller Gewässer innerhalb der Bundesrepublik Deutschland überbrückt werden.
Als Grundlage für diese Entwicklung stand wiederum das Fahrgestell des »Leoparden« zur Verfügung. Es wurde nur ganz geringfügig den besonderen Anforderungen eines Brückenlegefahrzeuges angepaßt. Die Veränderung der Schwerpunktlage erforderte eine Neueinstellung der Drehstäbe. Die Öffnung für den Drehturm wurde durch eine Abdeckplatte verschlossen. Vom Bergepanzer »Standard« konnte die gesamte Hydraulikanlage übernommen werden. Eine neue Sitzanordnung wurde notwendig, da die Besatzung nur mehr zwei Mann betrug.
In langer Versuchsarbeit und durch den Aufbau von Brückensimulatoren wurde das Fahrzeug in seinem Fahrverhalten erprobt und der Bewegungsablauf der Brücke und die dazu erforderlichen Materialuntersuchungen studiert. Die Brücke selbst war für die Lastenklasse MLC 50 ausgelegt, wobei sich bei 22 m Länge eine Fahrbahnbreite von 4 m ergab. Das Brückengewicht beträgt ca. 9,5 t. In Marschfahrt liegt die Brücke in zwei symmetrischen Teilen auf dem Fahrgestell. Die Konstruktion besteht aus Leichtmetallpreßprofilen der Formel AlZnMg 1 und setzt sich aus einem Obergurt (zugleich Fahrbahn) und einem Untergurt zusammen. Stegbleche verbinden beide Teile. Querverstrebungen machen die Brücke drehschwach in ihrer Längsachse.
Zwei verschiedene Arten dieser Brücke wurden in den Versuch genommen; und zwar die Verlegeart

freier Vorbau und

teleskopartig.

Beim Prinzip des »freien Vorbaus« fährt der Brückenpanzer an das zu überbrückende Hindernis heran. Nach dem Lösen der Verzurrung werden die beiden aufeinanderliegenden Brückenhälften so weit in Brückenlängsachse auseinandergezogen, bis die obere Hälfte in die Kupplung der unteren Hälfte

Im September 1973 wurde der neue Flakpanzer „Gepard" zum ersten Male der Öffentlichkeit vorgestellt. Unsere Bilder zeigen das Vorserienmodell in Marschstellung mit abgeklapptem Überwachungsradar. Gegenüber den Prototypen ist das neue Serien-Auspuffgräting erkennbar.

PT-353

Drauf- und Seitenansicht des Waffensystems „Gepard" in Feuerstellung. Vorne links am Fahrzeug ist das Auspuffgräting für den Zusatzmotor sichtbar, der die Eigenversorgung des Systems sicherstellt. Insgesamt soll die Bundeswehr 432 dieser „Flakpanzer 1" erhalten.

Der erste Vorschlag über einen Brückenlegepanzer der Fa. Porsche mit der Typenbezeichnung „1906". Unter Verwendung eines „Leopard"-Fahrgestelles war ein flaches, horizontales Verlegen vorgesehen.

hineingleitet. Dabei wird die obere Hälfte von einem Heckausleger geführt, während die untere Hälfte mit dem Untergurt in den Rollenpaaren des einteiligen Auslegers ruht. Sind die beiden Brückenhälften gekuppelt, so werden sie über das Hindernis vorgeschoben, der Ausleger gesenkt und die Brücke zuerst jenseits und dann diesseits abgelegt. Der Brückenpanzer stützt sich während dieses Vorganges mit dem Stützschild am Bug ab und wirkt dabei in seiner Gesamtheit als Gegengewicht. Nach dem Ablegen wird der Ausleger von der Brücke gelöst. Der Panzer fährt zurück.

Beim »teleskopartigen« Vorbau hingegen fährt der Brückenlegepanzer wie üblich an das Hindernis heran und entzurrt die beiden Brückenhälften. Vor dem Auseinanderziehen der Brückenhälften wird jedoch ein Teleskop ausgefahren, auf dem jenseitigen Ufer abgestützt und dadurch abgetastet, ob die Brückenlänge für die Breite des Hindernisses ausreicht. Dann rollen die beiden Brückenhälften auf das Teleskop, werden miteinander verkuppelt und mit der Spitze am jenseitigen Ufer aufgelegt. Nach dem Einziehen des Teleskopes wird die Brücke am diesseitigen Ufer abgelegt und die Verbindungen zwischen Panzer und Brücke gelöst. Der Panzer fährt zurück.

Im Truppenversuch hat sich die erste Lösung »freier

Vorbau« als die zweckmäßigere herausgestellt und wurde deshalb zur Weiterentwicklung bestimmt.
Das Fahrzeug erhält die Bezeichnung »Brückenpanzer Leopard 1«. Insgesamt werden 105 Brückenpanzer mit 124 Panzerschnellbrücken beschafft. Davon erhalten

- die 19 Panzerpionierkompanien 76 Brückenpanzer mit 95 Panzerschnellbrücken
- die 3 Panzerregimenter 9 Brückenpanzer mit 9 Panzerschnellbrücken
- die Pionierschule in München 2 Brückenpanzer und 2 Panzerschnellbrücken
- 18 Brückenpanzer mit derselben Anzahl von Brücken bleiben als Kriegsvorrat vorbehalten.

Der Gesamtpreis für die 105 Fahrzeuge beläuft sich auf 105 Millionen DM, dazu kommen noch weitere 15 Millionen für die 124 Panzerschnellbrücken.
Die Auslieferung dieser Fahrzeuge, welche in der Zwischenzeit von der Atlas-MAK Maschinenbau GmbH in Kiel vorbereitet wurde, lief Anfang 1973 an und soll bis 1975 abgeschlossen sein. Davon sollen 1973 80 Stück, der Rest 1974 ausgeliefert werden. Das Fahrzeug erhielt in der Zwischenzeit die offizielle Bezeichnung »Biber«.

Das 1971 vom Bundesminister der Verteidigung gebilligte Panzerkonzept des deutschen Heeres bestimmt als Nachfolger für den »Leoparden 1« den »Kampfpanzer 3«. Gewisse Vorarbeiten erlaubten einen Eintritt in die Konzeptphase so rechtzeitig, daß seine Entwicklung bis Mitte der achtziger Jahre durchgeführt sein kann. Die Bundesregierung Deutschland strebt bei diesem wie bei allen kostspieligen Waffensystemen eine multinationale Entwicklung, Fertigung und Beschaffung an.
Bis dahin bildet der Kampfpanzer »Leopard« in all seinen Ausführungen als ausbaufähiges Waffensystem demnach für viele Jahre das Rückgrat der westlichen Panzerwaffe. Infolge seiner modernen Konzeption wird er zusammen mit seinen Abarten und den Fahrzeugen der inzwischen zur Truppe gelangenden »Marder«-Schützenpanzer-Familie allen Anforderungen gerecht werden können.
Technisch und organisatorisch betrachtet, stellt die Entwicklung des Waffensystems »Leopard «eine beachtliche Leistung dar. Die deutsche panzerbauende Industrie hat mit dieser Entwicklung wieder den Anschluß an den allgemeinen Weltstandard gefunden.

Trotzdem wurde auch die Verlegung der Brücke mittels eines Teleskops untersucht. Unsere zwei Skizzen zeigen eine Gegenüberstellung beider Systeme.

Verlegen der Panzerbrücke mit einem Teleskop

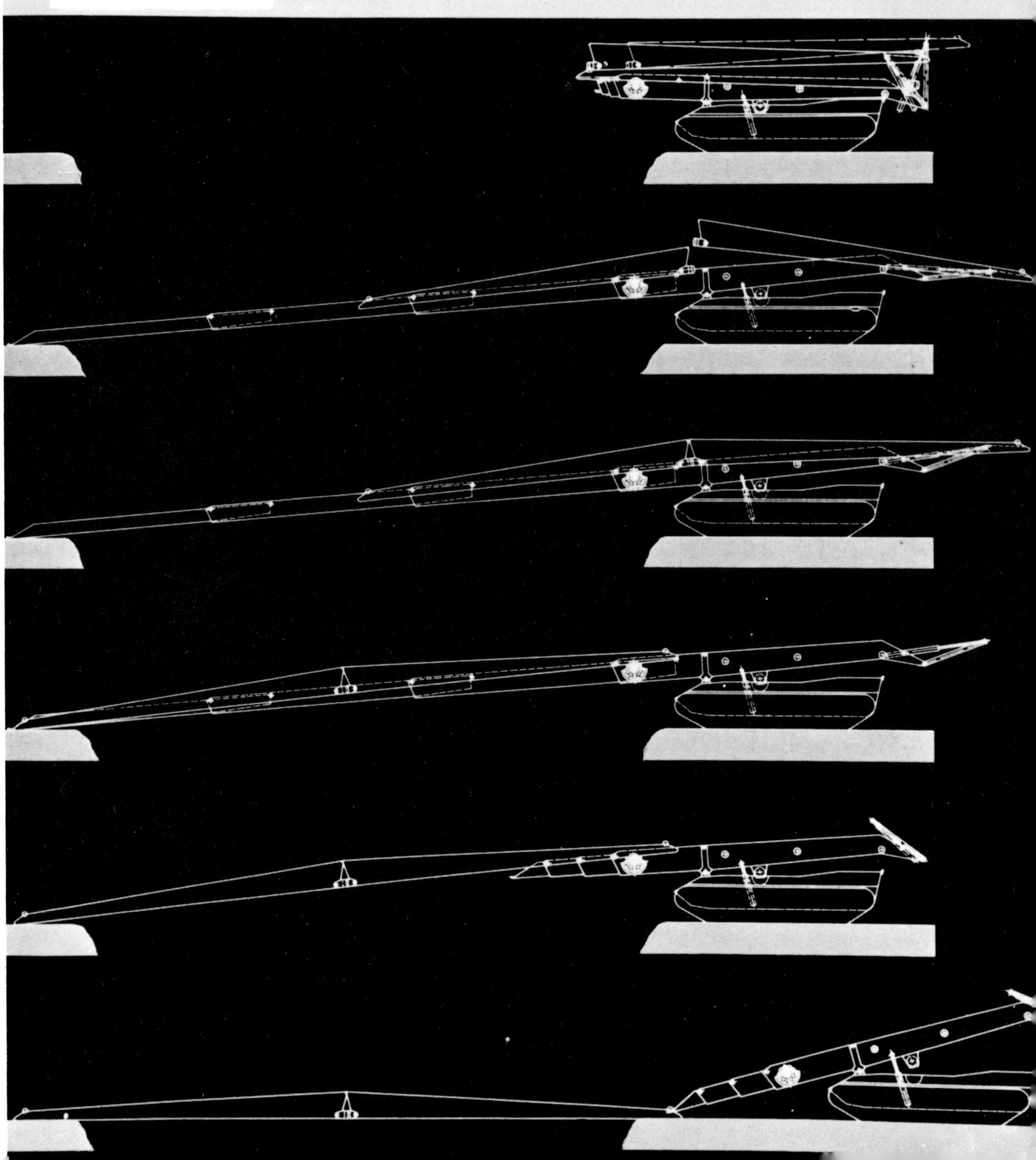

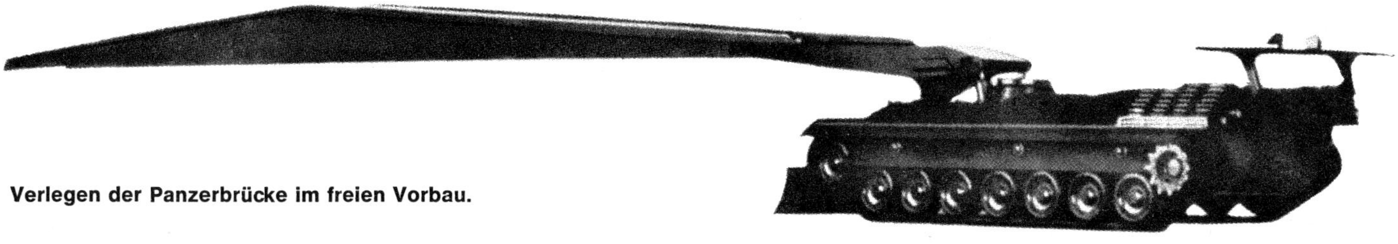

Verlegen der Panzerbrücke im freien Vorbau.

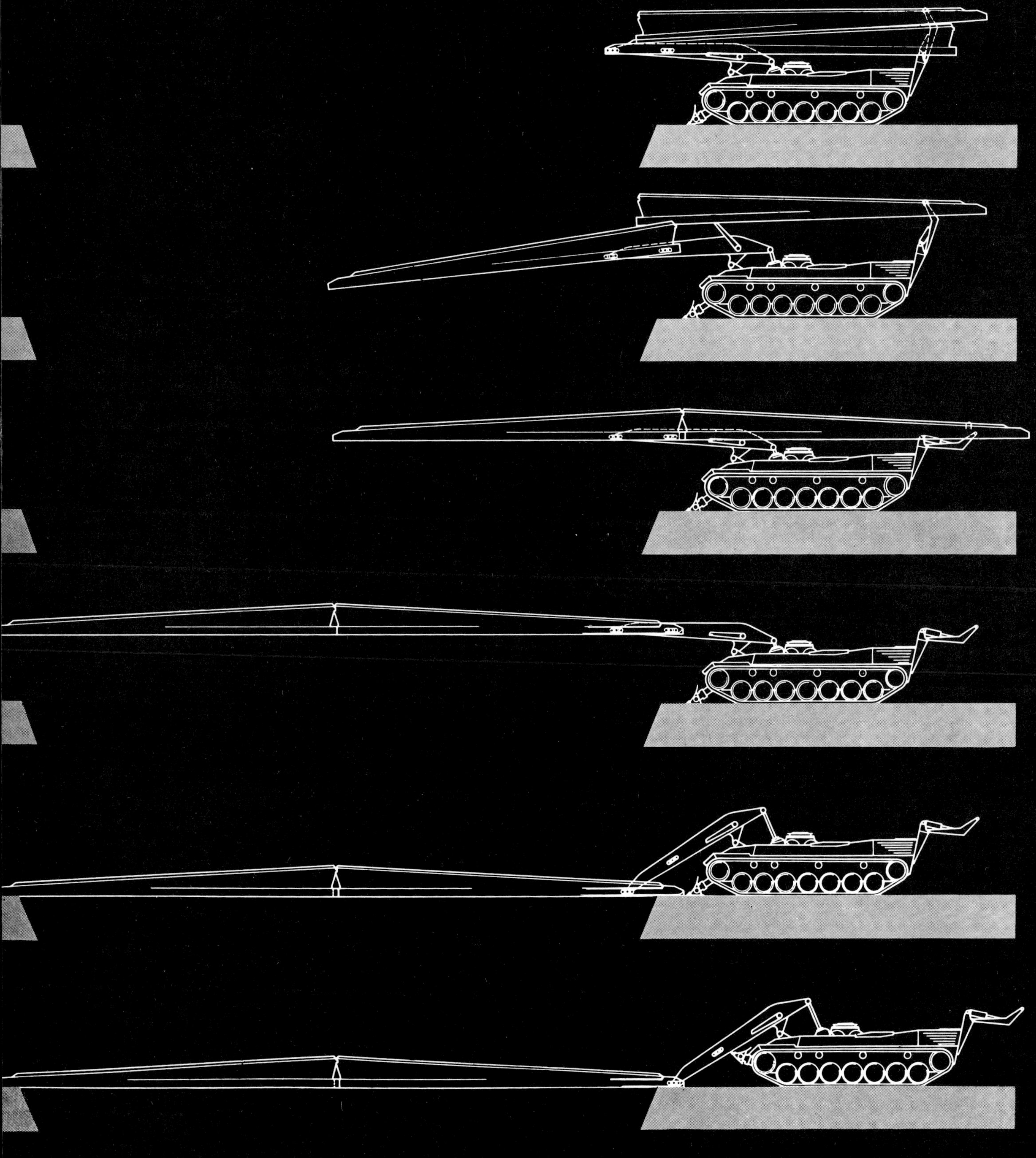

Letztlich wurde dem Vorschlag „freier Vorbau" der Vorrang gegeben und dieses Modell zur Einführung bestimmt. Der Hersteller der Brücke ist die Klöckner-Humboldt-Deutz AG. Unsere zwei Bilder zeigen das Prototyp-Fahrzeug in Marschstellung.

Nach Abstützung des Vorderwagens durch die Räumschaufel wird das untere Teil der Brücke zuerst hydraulisch nach vorne ausgefahren und der obere Teil daraufhin abgesenkt.

Nachdem beide Teile verbunden sind, beginnt das horizontale Auslegen nach vorne zur Überwindung von Geländehindernisen. Insgesamt werden für die Bundeswehr 105 dieser Fahrzeuge beschafft.

Kampfpanzer „Leopard 2“, Prototyp.

Kampfpanzer Indien-Projekt

„714"

Herstellungsland: Indien
Hersteller:
Porsche System Engineering Ltd.
und Daimler-Benz AG. (Entwurf)

Baujahr: 1954-55
nur Planung, Fahrzeug wurde nicht gebaut
Informationsquelle:
Daimler-Benz Unterlagen v. März 1955

Motor: Hersteller, Typ	Daimler-Benz „MB 837 A"
Zyl.-Anzahl, Anordnung	8, V-Form 90°
Bohrung	165 mm
Hub	175 mm
Hubraum	29 900 ccm
Verdichtungsverhältnis	18,2:1
Drehzahl normal/maximal	2200
Höchstleistung	660 PS
Leistungsgewicht	16,7 PS/t
Ventilanordnung	hängend
Kurbelwellenlager	5 Mehrstoff-
Einspritzpumpe, Anzahl	1 Typ Bosch PE 8
Zündfolge	1-8-4-2-7-3-6-5
Anlasser	Bosch AL/FTF 15/24
Lichtmaschine	Bosch LJ/DU 2/215
Batterie, Anzahl	3, 12 Volt 180 Ah
Kraftstofförderung	Pumpen
Kühlung	Wasser
Kupplung	Dreischeiben, tr.
Getriebe	Allklauen, Reversier-
Anzahl der Gänge	V 5, R 5
Treibende Räder	hinten
Triebachsenübersetzung	
Höchstgeschwindigkeit:	50 km/h
Fahrbereich	S = 450 / G = 100-230 km/h
Art der Lenkung	Zweiradien-Überlage-rungs-
Wendekreis ⌀	Stelle
Federung	Tellerfedern
Schmiersystem	Hochdruck
Bremsanlage Hersteller	Daimler-Benz/Porsche
Wirkungsweise	mech.
Bremsart	Scheiben
Fußbremse wirkt auf	Antrieb
Handbremse wirkt auf	Antrieb
Art der Räder	Laufräder (o. Stützrollen)
Spurweite	2590 mm
Kettenauflage	4380 mm
Kettenbreite	610 mm
Bodenfreiheit	450 mm
Länge über alles	6200/-10 200 mm
Breite über alles	3200 mm
Höhe über alles	2800 mm
Feuerhöhe	2080 mm
Bodendruck	0,74 kp/cm²
Fahrgestellgewicht	28 650 (Turmgew. 10 850) kp
zul. Gesamtgewicht	39 500 kp
Nutzlast	1680 kp
Sitzplätze	4
Kraftstoffverbrauch	160 Ltr. 100 km
Ölverbrauch	je nach Einsatz
Kraftstoffvorrat	1200 Ltr.
Panzerung:	
Wanne vorne	90 mm
seitlich	60-90 mm
hinten	45 mm
Turm vorne	90-130 mm
seitlich	45-90 mm
hinten	45 mm
Leistungen:	
Steigfähigkeit	60 %
Watet	1400 mm
Überschreitet	2700 mm
Bewaffnung:	1 90-mm-Kanone (61)* + 2 MG (4000)
Verwendungszweck:	Projektierter Standard-Kampfpanzer der Indischen Armee

* Angaben in ( ) hinter Bewaffnung geben Munitionsvorrat an

Kampfpanzer „Standard“, Prototyp I A

„723“

Herstellungsland: Deutschland
Hersteller:
Arn. Jung Lokomotivfabrik GmbH., Jungenthal bei Kirchen-Sieg *

Entwicklung der Dr. Ing. h. c. F. Porsche KG.
Baujahr: 1960–1961
Informationsquelle:
Dr. Ing. h. c. F. Porsche KG.
Zwei Fahrzeuge gebaut

Motor: Hersteller, Typ	Daimler-Benz „MB 837 A“ **
Zyl.-Anzahl, Anordnung	8, V-Form 90°
Bohrung	165 mm
Hub	175 mm
Hubraum	29 900 ccm
Verdichtungsverhältnis	18,2:1
Drehzahl normal/maximal	2200
Höchstleistung	660 PS
Leistungsgewicht	19,65 PS/t
Ventilanordnung	hängend
Kurbelwellenlager	5 Mehrstoff-
Einspritzpumpe, Anzahl	1 Typ Bosch PE 8
Zündfolge	1-8-4-2-7-3-6-5
Anlasser	Bosch AL/FTF 15/24 R 301
Lichtmaschine	Bosch LJ/DU 2/215/3 kW
Batterie, Anzahl	4, 12 Volt 100 Ah
Kraftstofförderung	Pumpen
Kühlung	Wasser
Kupplung	Dreischeiben, tr.
Getriebe	ZF S 5-250
Anzahl der Gänge	V 5, R 2
Treibende Räder	hinten
Triebachsenübersetzung	1:9,14 (Vorgelege)
Höchstgeschwindigkeit:	61,3 km/h
Fahrbereich	550 km
Art der Lenkung	Zweiradien-Überlage-rungs-
Wendekreis ⌀	Stelle
Federung	Drehstäbe, quer
Schmiersystem	Hochdruck
Bremsanlage Hersteller	A. Teves
Wirkungsweise	hydr. Servo
Bremsart	Scheiben
Fußbremse wirkt auf	Antrieb

Handbremse wirkt auf	Antrieb (mech.)
Art der Räder	Lauf- und Stützrollen – Laufrollen ⌀ 600 mm – Stützrollen ⌀ 260 mm
Spurweite	2650 mm
Kettenauflage	4114 mm
Kettenbreite	500 mm
Bodenfreiheit	420 mm
Länge über alles	– 9378 / 8010 – mm
Breite über alles	3150 mm
Höhe über alles	2200 mm
Bodendruck	0,8 kp/cm²
Fahrgestellgewicht	25 000 kp (Turmgewicht 7,8 tats. 8,2-8 t)
zul. Gesamtgewicht	33 300 kp Nenn., tats. 34-35 t
Nutzlast	2840 kp
Sitzplätze	4
Kraftstoffverbrauch	160 Ltr. 100 km
Ölverbrauch	2-3 g/PS/h
Kraftstoffvorrat	1120 Ltr. in 3 Behältern
Panzerung:	
Wanne vorne	50 mm
seitlich	30 mm
hinten	20 mm
Turm	60 mm rundum
Leistungen:	
Steigfähigkeit	60 %
Klettert	1100 mm
Watet	1230 mm
Überschreitet	3000 mm
Bewaffnung:	10,5-cm-L 7 A 1 (58) + 1 MG 42 (3000)
Verwendungszweck:	Erste Prototypen für Standardpanzer

* davon ein Prototyp von MAK, Kiel, gebaut
** Ausgelegt für Zehn-Zylinder „MB 838 Ca-500“
Zusatzaggregat: ein halbierter „OM 636“ Dieselmotor mit 20 PS bei n = 3000

Kampfpanzer „Standard“, Prototyp I B

Typ: „T-I“
Herstellungsland: Deutschland
Hersteller: Rheinstahl Hanomag AG., Werk Hannover
Baujahr: 1960–1961

Informationsquelle:
Technische Daten Kampfpanzer
Bemerkungen: Zwei Prototypen gebaut, davon einer bei den Henschel Werken AG., Kassel

---

Motor: Hersteller, Typ	DB „MB 837 A“ *
Zyl.-Anzahl, Anordnung	8, V-Form 90°
Bohrung	165 mm
Hub	175 mm
Hubraum	29 900 ccm
Verdichtungsverhältnis	18,2:1
Drehzahl normal/maximal	2200
Höchstleistung	600 PS
Leistungsgewicht	16,6 PS/t
Ventilanordnung	hängend
Kurbelwellenlager	5 Mehrstoff-
Einspritzpumpe, Anzahl	1 Typ Bosch PE 8
Zündfolge	1-8-4-2-7-3-6-5
Anlasser	Bosch AL/FTF 15/24 R 301
Lichtmaschine	Bosch LJ/DU 28 V/6 kW
Batterie, Anzahl	8, 12 Volt 100 Ah
Kraftstofförderung	Pumpen
Kühlung	Wasser
Kupplung	Lamellen-
Getriebe	Puls „PP 45“ **
Anzahl der Gänge	V 8, R 8
Treibende Räder	hinten
Triebachsenübersetzung	1:6, HS Ausf. 1:4,5 (Vorgelege)
Höchstgeschwindigkeit	63 km/h
Fahrbereich	200 km
Art der Lenkung	stufenlose, hydrostatische Überlagerungs-
Wendekreis ⌀	9,7 m
Federung: vorne/hinten	B1 = Hydrop der Fa. Frieseke & Höpfner/B 2 = HS Fzg. mit Teller/Ring-federfedersäule
Schmiersystem	Hochdruck
Bremsanlage Hersteller	BSI
Wirkungsweise	hydr.
Bremsart	Scheiben
Fußbremse wirkt auf	Antrieb
Handbremse wirkt auf	Antrieb
Art der Räder	Lauf- und Stützrollen – Lauf- 680 mm ⌀ – Stütz- 200 mm ⌀
Spurweite	2730 mm
Kettentyp:	Verbinder 139 E 2
Kettenauflage	3800 mm – 82 Glieder pro Kette
Kettenbreite	500 mm
Bodenfreiheit	400 mm
Länge über alles	9400/7840 mm
Breite über alles	3150 mm
Höhe über alles	2120 mm
Bodendruck	0,957 kp/cm²
Fahrgestellgewicht	26 660 kp
Turmgewicht	8735 kp
zul. Gesamtgewicht	35 800 kp
Nutzlast	2320 kp
Sitzplätze	4
Kraftstoffverbrauch	160 Ltr. 100 km
Ölverbrauch	2-3 g/PS/h
Kraftstoffvorrat:	420 Ltr.
Panzerung:	
Wanne vorne	50 mm
seitlich	25 mm
hinten	15 mm
Turm	60 mm rundum
Leistungen:	
Steigfähigkeit	60 %
Klettert	800 mm
Watet	1200/2100 mm
Überschreitet	2800 mm
Bewaffnung:	1 105-mm-BK (Rh) (2. Prototyp brit.) (63) + 2 MG 1 (2400)

*) Sollte mit dem Hanomag-2-Takt-Dieselmotor „D 881“ V 8 (150 x 150 = 21 210 ccm) 750 PS/2650 ausgerüstet werden
**) Ein Fahrzeug mit dem Hurth „HRS WL 300/7“-7-Ganggetriebe

Kampfpanzer „Standard", Prototyp II A

„773"

Herstellungsland: Deutschland
Hersteller:
Arn. Jung Lokomotivfabrik GmbH., Jungenthal bei Kirchen-Sieg *
Entwicklung der Dr. Ing. h. c. F. Porsche KG.
Baujahr: 1962
Informationsquelle:
Dr. Ing. h. c. F. Porsche KG.

Motor: Hersteller, Typ	Daimler- Benz „MB 838 Ca-500"
Zyl.-Anzahl, Anordnung	10, V-Form
Bohrung	165 mm
Hub	175 mm
Hubraum	37 330 ccm
Verdichtungsverhältnis	18,2:1
Drehzahl normal/maximal	2200
Höchstleistung	830 PS
Leistungsgewicht	21,6 PS/t
Ventilanordnung	hängend
Kurbelwellenlager	6 Mehrstoff-
Einspritzpumpe, Anzahl	1 Typ Bosch PE 10
Zündfolge	1-9-4-8-3-7-2-10-5-6
Anlasser	Bosch AL/FTF 15/24 R 301 kein Zusatzaggregat
Lichtmaschine	Bosch U 2 (RL) 28 V/250 A 7 kW
Batterie, Anzahl	6, 12 Volt zus. 300 Ah
Kraftstofförderung	Pumpen
Kühlung	Wasser
Kupplung	hydraulischer Wandler
Getriebe	ZF 4 HP-250 Hydromedia
Anzahl der Gänge	V 4, R 2
Treibende Räder	hinten
Triebachsenübersetzung	1:3,809 (Vorgelege)
Höchstgeschwindigkeit:	65 km/h
Fahrbereich	470 km
Art der Lenkung	Zweiradien-Überlage-rungs-
Wendekreis ⌀	10,2 m, auch Stelle
Federung	Drehstäbe, quer
Schmiersystem	Hochdruck
Bremsanlage Hersteller	A. Teves
Wirkungsweise	hydr. Servo
Bremsart	Scheiben
Fußbremse wirkt auf	Antrieb
Handbremse wirkt auf	Antrieb (mech.)
Art der Räder	Lauf- und Stützrollen – Laufrollen ⌀ 650 mm – Stützrollen ⌀ 220 mm
Spurweite	2700 mm
Kettenauflage	4160 mm
Kettenbreite	550 mm
Bodenfreiheit	445 mm
Länge über alles	– 9120/8069 mm –
Breite über alles	3250 mm
Höhe über alles	2295 mm
Bodendruck	0,84 kp/cm²
Fahrgestellgewicht	30 000 kp (Turmgewicht 8,7 – 9,2 t)
zul. Gesamtgewicht	38 500 kp Nenn., tats. 38-39 t
Nutzlast	2780 kp
Sitzplätze	4
Kraftstoffverbrauch	160 Ltr. 100 km
Ölverbrauch	2-3 g/PS/h
Kraftstoffvorrat	1010 Ltr. in 3 Behältern
Panzerung:	
Wanne vorne	70 mm
seitlich	30-35 mm
hinten	25 mm
Turm (Wegmannturm III)	60 mm rundum
Leistungen:	
Steigfähigkeit	60 %
Klettert	1100 mm
Watet	1195 mm
Überschreitet	3000 mm
Bewaffnung:	1 Kanone 10,5 cm L 7 A 3 (60) + 1 MG 1 (3000)
Verwendungszweck:	Prototyp für Standardpanzer

* Auch von MAK, Kiel und Lutherwerke Braunschweig in insgesamt 26 Exemplaren hergestellt

Kampfpanzer „Standard“, Prototyp II B

Typ: „T-II“
Herstellungsland: Deutschland

Hersteller: Henschel Werke AG., Kassel
Baujahr: 1962
Informationsquelle:
Technische Daten Kampfpanzer u. a.
Bemerkungen: 6 Fahrzeuge mit Rheinmetall-Türmen in Auftrag gegeben, jedoch nur zwei Prototypen fertiggestellt (1 von Hanomag)

Motor: Hersteller, Typ	DB „MB 838 Ca-500“ *
Zyl.-Anzahl, Anordnung	10, V-Form 90°
Bohrung	165 mm
Hub	175 mm
Hubraum	37 330 ccm
Verdichtungsverhältnis	18,2:1
Drehzahl normal/maximal	2200
Höchstleistung	830 PS
Leistungsgewicht	22,5 PS/t
Ventilanordnung	hängend
Kurbelwellenlager	6 Mehrstoff-
Einspritzpumpe, Anzahl	1 Typ Bosch PE 10
Zündfolge	1-9-4-8-3-7-2-10-5-6
Anlasser	Bosch AL/FTF 15/24 R 301
Lichtmaschine	Bosch LJ/DU 28 V/9 kW
Batterie, Anzahl	8, 12 Volt 100 Ah
Kraftstofförderung	Pumpen
Kühlung	Wasser
Kupplung	Lamellen-
Getriebe	Puls „PP 45 II“ **
Anzahl der Gänge	V 8, R 8
Treibende Räder	hinten
Triebachsenübersetzung	1:6 bei Pulsgetriebe (Vorgelege)
Höchstgeschwindigkeit	65 km/h
Fahrbereich	300 km
Art der Lenkung	stufenlose, hydrostatische Überlagerungs-
Wendekreis ⌀	2,6 m – bei Hurth 13,3 m
Federung: vorne/hinten	HS Ring-Tellerfederfedersäule hydr., System Doubonnet (Ein Fahrzeug Drehstäbe)
Schmiersystem	Hochdruck
Bremsanlage Hersteller	BSI
Wirkungsweise	servohydr.
Bremsart	Scheiben
Fußbremse wirkt auf	Antrieb
Handbremse wirkt auf	Antrieb
Art der Räder	Lauf- und Stützrollen – Lauf- 680 mm ⌀ – Stütz- 245 mm ⌀
Spurweite	2700 mm
Kettentyp:	Verbinder 139 E 2
Kettenauflage	4020 mm – 82 Glieder pro Kette
Kettenbreite	550 mm
Bodenfreiheit	400 mm
Länge über alles	9436/8266 mm
Breite über alles	3250 mm
Höhe über alles	2310 mm
Bodendruck	0,84 kp/cm²
Fahrgestellgewicht	29 170 kp
Turmgewicht	9370 kp
zul. Gesamtgewicht	38 980 kp
Nutzlast	2670 kp
Sitzplätze	4
Kraftstoffverbrauch	160 Ltr. 100 km
Ölverbrauch	2-3 g/PS/h
Kraftstoffvorrat:	820 Ltr.
Panzerung:	
Wanne vorne	70 mm
seitlich	30 mm
hinten	25 mm
	60 mm rundum
Leistungen:	
Steigfähigkeit	60 %
Klettert	950 mm
Watet	1200/2200 mm
Überschreitet	2800 mm
Bewaffnung:	1 105-mm-BK L 7 A 2 (63) + 2 MG 1 (5000)
Verwendungszweck:	Prototyp für Standard-dardpanzer

*) Sollte mit dem Hanomag-2-Takt-Dieselmotor „D 8101“ V 10 (150 x 150 = 26 400 ccm) ausgerüstet werden
**) HS Fzg. mit 8-Gang-Planetengetriebe

Kampfpanzer „Standard", 0-Serie

„814"

Herstellungsland: Deutschland
Hersteller
Arn. Jung Lokomotivfabrik GmbH., Jungenthal bei Kirchen-Sieg *

Entwicklung der Dr. Ing. h. c. F. Porsche KG.
Baujahr: 1963-64
Informationsquelle:
Dr. Ing. h. c. F. Porsche KG.

Motor: Hersteller, Typ	Daimler-Benz „MB 838 Ca-500"
Zyl.-Anzahl, Anordnung	10, V-Form 90°
Bohrung	165 mm
Hub	175 mm
Hubraum	37 330 ccm
Verdichtungsverhältnis	18,2:1
Drehzahl normal/maximal	2200
Höchstleistung	830 PS
Leistungsgewicht	21,9 PS/t
Ventilanordnung	hängend
Kurbelwellenlager	6 Mehrstoff-
Einspritzpumpe, Anzahl	1 Typ Bosch PE 10
Zündfolge	1-9-4-8-3-7-2-10-5-6
Anlasser	Bosch AL/FTF 15/24 R 301 Zusatzaggregat: Saurer Kleinturbine mit 15 PS (Typ GT 15), wurde untersucht
Lichtmaschine	Bosch U 2 (RL) 28 V/250 A/7 kW
Batterie, Anzahl	8, 12 Volt zus. 300 Ah
Kraftstofförderung	Pumpen
Kühlung	Wasser
Kupplung	hydraulischer Wandler
Getriebe	ZF 4 HP-250 Hydromedia
Anzahl der Gänge	V 4, R 2
Treibende Räder	hinten
Triebachsenübersetzung	1:3,809 (Vorgelege)
Höchstgeschwindigkeit:	65 km/h
Fahrbereich	560 km
Art der Lenkung	Zweiradien-Überlagerungs-**
Wendekreis ⌀	Stelle **
Federung	Drehstäbe, quer
Schmiersystem	Hochdruck
Bremsanlage Hersteller	A. Teves
Wirkungsweise	hydr. Servo
Bremsart	Scheiben
Fußbremse wirkt auf	Antrieb
Handbremse wirkt auf	Antrieb (mech.)
Art der Räder	Lauf- und Stützrollen – Laufrollen ⌀ 650 mm – Stützrollen ⌀ 220 mm
Spurweite	2700 mm
Kettenauflage	4215 mm
Kettenbreite	550 mm
Bodenfreiheit	450 mm
Länge über alles	— 9301/8033 mm
Breite über alles	3250 mm
Höhe über alles	2330 mm
Bodendruck	0,86 kp/cm²
Fahrgestellgewicht	31 000 kp (Turmgewicht 8,7-9,2 t)
zul. Gesamtgewicht	38 000 kp
Nutzlast	2790 kp
Sitzplätze	4
Kraftstoffverbrauch	160 Ltr. 100 km
Ölverbrauch	2-3 g/PS/h
Kraftstoffvorrat	1200 Ltr. in 2 Behältern
Panzerung:	
Wanne vorne	70 mm
seitlich	30-35 mm
hinten	25 mm
Turm (Wegmannturm III)	60 mm rundum
Leistungen:	
Steigfähigkeit	60 %
Klettert	1150 mm
Watet	1260 mm
Überschreitet	3000 mm
Bewaffnung:	1 Kanone 10,5 cm L 7 A 3 (62) + 1 MG 1 (3000)
Verwendungszweck:	0-Serie für Standardpanzer

** Wenderadius: 1. Gang 26,4/5,1 m – 2. Gang 47/9,1 m – 3. Gang 81/15,8 m – 4. Gang 122/23,7 m (Angaben für großen bzw. kleinen Lenkradius)

* auch von MAK, Kiel und Lutherwerke, Braunschweig in insgesamt 50 Einheiten hergestellt

mittlerer Kampfpanzer „Leopard 1“

„814“
1. und 2. Fertigungslos

Herstellungsland: Deutschland
Hersteller:
Krauss-Maffei AG., München-Allach

Baujahr: 1965-1966
Informationsquelle:
TDv 2350/008-10, Teil 1 u. a.
Fahrgestell-Nr.-Bereich:
Los-Nr. 1 5001 bis 5999
Los-Nr. 2 6001 bis 6999

Motor: Hersteller, Typ	MTU „MB 838 Ca-M 500“
Zyl.-Anzahl, Anordnung	10, V-Form 90°
Bohrung	165 mm
Hub	175 mm
Hubraum	37 330 ccm
Verdichtungsverhältnis	19,5:1
Drehzahl normal/maximal	2200
Höchstleistung	830 PS
Leistungsgewicht	20,7 PS/t
Ventilanordnung	hängend
Kurbelwellenlager	6 Mehrstoff-
Einspritzpumpe, Anzahl	1 Typ Bosch PE 10 TWM
Zündfolge	1-9-4-8-3-7-2-10-5-6
Anlasser	Bosch AL/FTF 15/24 R 301
Lichtmaschine	Bosch U 2 (RL) 9/15 (9 kW)*
Batterie, Anzahl	8, 12 Volt 100 Ah
Kraftstofförderung	Pumpe, Bosch HY 008 Fd
Kühlung	Wasser
Kupplung	hydraulischer Wandler
Getriebe	ZF „4 HP-250“ Hydro-media Wende-
Anzahl der Gänge	V 4, R 2 **
Treibende Räder	hinten
Triebachsenübersetzung	1:3,809 (Vorgelege)
Höchstgeschwindigkeit:	64 km/h
Fahrbereich	550 km
Art der Lenkung	Zweiradien-Überlagerungs-
Wendekreis ⌀	10,2 m, auch auf Stelle
Federung	Drehstäbe, quer
Schmiersystem	Hochdruck
Bremsanlage Hersteller	A. Teves
Wirkungsweise	hydr., Servo
Bremsart	Scheiben
Fußbremse wirkt auf	Antrieb
Handbremse wirkt auf	Antrieb, mech.
Art der Räder	Lauf- und Stützrollen – Laufrollen ⌀ 650 mm – Stützrollen ⌀ 220 mm
Spurweite	2700 mm
Kettenauflage	4236 mm
Kettenbreite	550 mm
Bodenfreiheit	450 mm
Länge über alles	– 9543/6940 mm
Breite über alles	3250 mm
Höhe über alles	2618 mm
Bodendruck	0,84 kp/cm²
Fahrgestellgewicht	31 000 kp
zul. Gesamtgewicht	39 600 kp
Nutzlast	2000 kp
Sitzplätze	4
Kraftstoffverbrauch	180 Ltr. 100 km
Ölverbrauch	2-3 g/PS/h
Kraftstoffvorrat	1010 Ltr. in 2 Behältern
Panzerung:	
Wanne vorne	70 mm
seitlich	30-35 mm
hinten	25 mm
Turm	60 mm rundum
Leistungen:	
Steigfähigkeit	60 %
Klettert	1100 mm
Watet	2200/4000 mm
Überschreitet	2900 mm
Bewaffnung:	1 105-mm-BK L 7 A 3 (L/51) (63) + 2 MG 1 (3000)
Verwendungszweck:	mittlerer Standard-Kampfpanzer

* Teilweise auch Siemens FR 7 / 1900-IV
** Übersetzungen = 4,64:1 / 2,6:1 / 1,67:1 / 1:1

mittlerer Kampfpanzer „Leopard 1“
„814“
3. Fertigungslos

Herstellungsland: Deutschland
Hersteller:
Krauss-Maffei AG., München-Allach

Baujahr: 1966-1967
Informationsquelle:
TDv 2350/008-10, Teil 1 u. a.
Fahrgestell-Nr.-Bereich: 7001 bis 7999

Motor: Hersteller, Typ	MTU „MB 838 Ca-M 500“
Zyl.-Anzahl, Anordnung	10, V-Form 90°
Bohrung	165 mm
Hub	175 mm
Hubraum	37 330 ccm
Verdichtungsverhältnis	19,5:1
Drehzahl normal/maximal	2200
Höchstleistung	830 PS
Leistungsgewicht	20,8 PS/t
Ventilanordnung	hängend
Kurbelwellenlager	6 Mehrstoff-
Einspritzpumpe, Anzahl	1 Typ Bosch PE 10 TWM
Zündfolge	1-9-4-8-3-7-2-10-5-6
Anlasser	Bosch AL/FTF 15/24 R 301
Lichtmaschine	Bosch U 2 (RL) 9/15 (9 kW)
Batterie, Anzahl	8, 12 Volt 100 Ah
Kraftstofförderung	Pumpen
Kühlung	Wasser
Kupplung	hydraulischer Wandler
Getriebe	ZF „4 HP-250“ Hydromedia
Anzahl der Gänge	V 4, R 2
Treibende Räder	hinten
Triebachsenübersetzung	1:3,809 (Vorgelege)
Höchstgeschwindigkeit:	65 km/h
Fahrbereich	600 km (nach DIN 700 30)
Art der Lenkung	Zweiradien-Über-lagerungs-
Wendekreis ⌀	9,6 m
Federung	Drehstäbe, quer
Schmiersystem	Hochdruck
Bremsanlage Hersteller	A. Teves
Wirkungsweise	hydr., Servo
Bremsart	Scheiben
Fußbremse wirkt auf	Antrieb

Handbremse wirkt auf	Antrieb, mech.
Art der Räder	Lauf- und Stützrollen – Laufrollen ⌀ 650 mm – Stützrollen ⌀ 220 mm
Spurweite	2700 mm
Kettenauflage	4236 mm
Kettenbreite	550 mm
Bodenfreiheit	440 mm
Länge über alles	– 9543/8170 – /6940 mm
Breite über alles	3250 mm
Höhe über alles	2618 mm
Bodendruck	0,86 kp/cm²
Fahrgestellgewicht	31 000 kp
zul. Gesamtgewicht	40 000 kp Leergewicht 38 000 kp
Nutzlast	2000 kp
Sitzplätze	4
Kraftstoffverbrauch	180 Ltr. 100 km
Ölverbrauch	2-3 g/PS/h
Kraftstoffvorrat	985 Ltr. in 2 Behältern
Panzerung:	
Wanne vorne	70 mm/30°
seitlich	35 mm/40°
hinten	25 mm/12°
Turm	rundum 60 mm
Leistungen:	
Steigfähigkeit	60 %
Klettert	1100 mm
Watet	2200/4000 mm
Überschreitet	2900 mm
Bewaffnung:	1 105-m-BK L 7 A 3 (L/51) (63) + 2 MG 1 (5500)
Verwendungszweck:	mittlerer Standard Kampf-panzer

mittlerer Kampfpanzer „Leopard 1 A 1“

„814“
4. Fertigungslos (mit Nachrüstung)

Herstellungsland: Deutschland
Hersteller:
Krauss-Maffei AG., München-Allach

Baujahr: 1967-1972
Ab 1972 als Ausführung „KPz LEO 1 A 1“
Informationsquelle:
TDv 2350/008-10, Teil 1 u. a.
Fahrgestell-Nr.-Bereich:
8001 bis 8999, 12 001 bis 12 999 und 13 001 bis 13 999

Motor: Hersteller, Typ	MTU „MB 838 Ca-M 500“
Zyl.-Anzahl, Anordnung	10, V-Form 90°
Bohrung	165 mm
Hub	175 mm
Hubraum	37 330 ccm
Verdichtungsverhältnis	19,5:1
Drehzahl normal/maximal	2200
Höchstleistung	830 PS
Leistungsgewicht	20,3 PS/t
Ventilanordnung	hängend
Kurbelwellenlager	6 Mehrstoff-
Einspritzpumpe, Anzahl	1 Typ Bosch PE 10 TWM
Zündfolge	1-9-4-8-3-7-2-10-5-6
Anlasser	Bosch AL/FTF 15/24 R 301
Lichtmaschine	Bosch U 2 (RL) 9/15 (9 kW)
Batterie, Anzahl	8, 12 Volt 100 Ah
Kraftstofförderung	Pumpen
Kühlung	Wasser
Kupplung	hydraulischer Wandler
Getriebe	ZF „4 HP-250“ Hydromedia
Anzahl der Gänge	V 4, R 2
Treibende Räder	hinten
Triebachsenübersetzung	1:3,809 (Vorgelege)
Höchstgeschwindigkeit:	65 km/h
Fahrbereich	600 km (nach DIN 70030)
Art der Lenkung	Zweiradien-Überlagerungs-
Wendekreis ⌀	9,6 m
Federung	Drehstäbe, quer
Schmiersystem	Hochdruck
Bremsanlage Hersteller	A. Teves
Wirkungsweise	hydr., Servo
Bremsart	Scheiben
Fußbremse wirkt auf	Antrieb
Handbremse wirkt auf	Antrieb, mech.

Art der Räder	Lauf- und Stützrollen – Laufrollen ⌀ 650 mm – Stützrollen ⌀ 220 mm
Spurweite	2700 mm
Kettenauflage	4236 mm
Kettenbreite	550 mm
Bodenfreiheit	440 mm
Länge über alles	– 9540/8170 – /6940 mm
Breite über alles	3250/3370 mm mit Kettenblenden
Höhe über alles	2400/2620 mm Oberkante Zielgerät
Bodendruck	0,88 kp/cm²
Fahrgestellgewicht	32 000 kp
zul. Gesamtgewicht	41 500 kp Leergewicht 39 500 kp
Nutzlast	2000 kp
Sitzplätze	4
Kraftstoffverbrauch	165 Ltr. 100 km
Ölverbrauch	2-3 g/PS/h
Kraftstoffvorrat	985 Ltr. in 2 Behältern
Panzerung:	
Wanne vorne	70 mm/30°
seitlich	30-35 mm
hinten	25 mm
Turm	60 mm rundum
Leistungen:	
Steigfähigkeit	60 %
Klettert	1115 mm
Watet	2200/4000 mm
Überschreitet	2900 mm
Bewaffnung:	1 105-mm-BK L 7 A 3 (60) + 2 MG 1 (5500)
Verwendungszweck:	mittlerer Standard-Kampfpanzer

mittlerer Kampfpanzer „Leopard 1 A2“

5. Fertigungslos, 1. Ausführung

„814“

Herstellungsland: Deutschland

Hersteller:

Krauss-Maffei AG., München-Allach

Baujahr: 1973

Informationsquelle:

Verschiedene

Fahrgestell-Nr.-Bereich:

14001 bis 14232 (232 Stück gebaut)

Motor: Hersteller, Typ	MTU „MB 838 Ca-M 500“
Zyl.-Anzahl, Anordnung	10, V-Form 90°
Bohrung	165 mm
Hub	175 mm
Hubraum	37 330 ccm
Verdichtungsverhältnis	19,5:1
Drehzahl normal/maximal	2200
Höchstleistung	830 PS
Leistungsgewicht	19,7 PS/t
Ventilanordnung	hängend
Kurbelwellenlager	6 Mehrstoff-
Einspritzpumpe, Anzahl	1 Typ Bosch PE 10 TWM
Zündfolge	1-9-4-8-3-7-2-10-5-6
Anlasser	Bosch AL/FTF 15/24 R 301
Lichtmaschine	Bosch U 2 (RL) 9/15 (9 kW)
Batterie, Anzahl	8, 12 Volt 100 Ah
Kraftstofförderung	Pumpen
Kühlung	Wasser
Kupplung	hydraulischer Wandler
Getriebe	ZF „4 HP-250“ Hydro-media
Anzahl der Gänge	V 4, R 2
Treibende Räder	hinten
Triebachsenübersetzung	1:3,809 (Vorgelege)
Höchstgeschwindigkeit:	65 km/h/rückwärts 25 km/h
Fahrbereich	600 km (nach DIN 70030)
Art der Lenkung	Zweiradien-Über-lagerungs-
Wendekreis Ø	9,6 m
Federung	Drehstäbe, quer
Schmiersystem	Hochdruck
Bremsanlage Hersteller	A. Teves
Wirkungsweise	hydr., Servo
Bremsart	Scheiben
Fußbremse wirkt auf	Antrieb
Handbremse wirkt auf	Antrieb, mech.
Art der Räder	Lauf- und Stützrollen

	– Laufrollen Ø 650 mm
	– Stützrollen Ø 220 mm
Spurweite	2700 mm
Kettenauflage	4236 mm
Kettenbreite	550 mm
Bodenfreiheit	440 mm
Länge über alles	– 9450/8170 –/ 6940 mm
Breite über alles	3250/3370 mm m. Kettenblenden
Höhe über alles	2400/2620 mm Oberkante Zielgerät
Bodendruck	0,9 kp/cm²
Fahrgestellgewicht	32 000 kp
zul. Gesamtgewicht	42 400 kp
	Leergewicht 40 400 kp
Nutzlast	2000 kp
Sitzplätze	4
Kraftstoffverbrauch	165 Ltr. 100 km
Ölverbrauch	2-3 g/PS/h
Kraftstoffvorrat	985 Ltr. in 2 Behältern
Panzerung:	
Wanne vorne	70 mm/30°
seitlich	35 mm
hinten	25 mm
Turm vorne	(keine Angaben)
seitlich	
hinten	
Leistungen:	
Steigfähigkeit	60 %
Klettert	1115 mm
Watet	2200/4000 mm
Überschreitet	2900 mm
Bewaffnung:	1 105 mm BK L 7 A 3 (L/51) (63) + 2 MG 1 (5500)
Verwendungszweck:	mittlerer Standard-Kampfpanzer

mittlerer Kampfpanzer „Leopard 1 A3“

„814“

5. Fertigungslos, 2. Ausführung

Herstellungsland: Deutschland
Hersteller:
Krauss-Maffei AG., München-Allach

Baujahr: 1973-1974
Informationsquelle:
Verschiedene
Fahrgestell-Nr.-Bereich:
14001 bis 14999 (110 Stück gebaut)

Motor: Hersteller, Typ	MTU "MB 838 Ca-M 500"
Zyl.-Anzahl, Anordnung	10, V-Form 90°
Bohrung	165 mm
Hub	175 mm
Hubraum	37 330 ccm
Verdichtungsverhältnis	19,5:1
Drehzahl normal/maximal	2200
Höchstleistung	830 PS
Leistungsgewicht	19,7 PS/t
Ventilanordnung	hängend
Kurbelwellenlager	6 Mehrstoff-
Einspritzpumpe, Anzahl	1 Typ Bosch PE 10 TWM
Zündfolge	1-9-4-8-3-7-2-10-5-6
Anlasser	Bosch AL/FTF 15/24 R 301
Lichtmaschine	Bosch U 2 (RL) 9/15 (9 kW)
Batterie, Anzahl	8, 12 Volt 100 Ah
Kraftstofförderung	Pumpen
Kühlung	Wasser
Kupplung	hydraulischer Wandler
Getriebe	ZF „4 HP-250“ Hydromedia
Anzahl der Gänge	V 4, R 2*
Treibende Räder	hinten
Triebachsenübersetzung	1:3,809 (Vorgelege)
Höchstgeschwindigkeit:	65 km/h/rückwärts 25 km/h
Fahrbereich	600 km (nach DIN 70030)
Art der Lenkung	Zweiradien-Überlagerungs-
Wendekreis ⌀	9,6 m
Federung	Drehstäbe, quer
Schmiersystem	Hochdruck
Bremsanlage Hersteller	A. Teves
Wirkungsweise	hydr., Servo
Bremsart	Scheiben
Fußbremse wirkt auf	Antrieb
Handbremse wirkt auf	Antrieb, mech.
Art der Räder	Lauf- und Stützrollen
	– Laufrollen ⌀ 650 mm
	– Stützrollen ⌀ 220 mm
Spurweite	2700 mm
Kettenauflage	4236 mm
Kettenbreite	550 mm
Bodenfreiheit	440 mm
Länge über alles	– 9540/8170 – / 6940 mm
Breite über alles	3250/3370 mm mit Kettenblenden
Höhe über alles	2400/2620 mm Oberkante Zielgerät
Bodendruck	0,9 kp/cm²
Fahrgestellgewicht	32 000 kp
	Leergewicht 40 400 kp
zul. Gesamtgewicht	42 400 kp
Nutzlast	2000 kp
Sitzplätze	4
Kraftstoffverbrauch	165 Ltr. 100 km
Ölverbrauch	2-3 g/PS/h
Kraftstoffvorrat	985 Ltr. in 2 Behältern
Panzerung:	
Wanne vorne	70 mm/30°
seitlich	35 mm
hinten	25 mm
Turm vorne	(keine Angaben)
seitlich	
hinten	
Leistungen:	
Steigfähigkeit	60 %
Klettert	1115 mm
Watet	22500/4000 mm
Überschreitet	2900 mm
Bewaffnung:	1 105-mm-BK L 7 A 3 (L/51) (63) + 2 MG 1 (5500)
Verwendungszweck:	mittlerer Standard-Kampfpanzer

* Übersetzungen = 4,64:1/2,6:1/1,67:1/1:1

Berge-Panzer „Leopard" – Prototyp

„807"

Herstellungsland: Deutschland
Hersteller:
Arn. Jung Lokomotivfabrik GmbH, Jungenthal bei Kirchen-Sieg

Entwicklung der Dr. Ing. h. c. F. Porsche KG.
Baujahr: 1964
Informationsquelle:
Dr. Ing. h. c. F. Porsche KG.
Zwei Prototypen gebaut

Motor: Hersteller, Typ	Daimler-Benz „MB 838 Ca-500"
Zyl.-Anzahl, Anordnung	10, V-Form 90°
Bohrung	165 mm
Hub	175 mm
Hubraum	37 330 ccm
Verdichtungsverhältnis	18,2:1
Drehzahl normal/maximal	2200
Höchstleistung	830 PS
Leistungsgewicht	20,7 PS/t
Ventilanordnung	hängend
Kurbelwellenlager	6 Mehrstoff-
Einspritzpumpe, Anzahl	1 Typ Bosch PE 10
Zündfolge	1-9-4-8-3-7-2-10-5-6
Anlasser	Bosch AL/FTF 15/24 R 301
Lichtmaschine	Bosch U 2 (RL) 28 V/250 A/7 kW
Batterie, Anzahl	6, 12 Volt zus. 300 Ah
Kraftstofförderung	Pumpen
Kühlung	Wasser
Kupplung	hydraulischer Wandler
Getriebe	ZF 4 HP-250 Hydromedia Wende-
Anzahl der Gänge	V 4, R 4
Treibende Räder	hinten
Triebachsenübersetzung	1:3,809 (Vorgelege)
Höchstgeschwindigkeit:	65 km/h
Fahrbereich	840 km
Art der Lenkung	Zweiradien-Überlagerungs-
Wendekreis ∅	10,2 m, auch Stelle
Federung	Drehstäbe, quer
Schmiersystem	Hochdruck
Bremsanlage Hersteller	A. Teves

Wirkungsweise	hydr., Servo
Bremsart	Scheiben
Fußbremse wirkt auf	Antrieb
Handbremse wirkt auf	Antrieb (mech.)
Art der Räder	Lauf- und Stützrollen – Laufrollen ∅ 650 mm – Stützrollen ∅ 220 mm
Spurweite	2700 mm
Kettenauflage	4215 mm
Kettenbreite	550 mm
Bodenfreiheit	455 mm
Länge über alles	7160 mm
Breite über alles	3250 mm
Höhe über alles	2200 mm
Bodendruck	0,86 kp/cm²
Fahrgestellgewicht	
zul. Gesamtgewicht	40 000 kp
Nutzlast	je nach Ausrüstung
Sitzplätze	4
Kraftstoffverbrauch	200-400 Ltr. 100 km
Ölverbrauch	2-3 g/PS/h
Kraftstoffvorrat	1550 Ltr. in 2 Behältern
Panzerung:	
Aufbau vorne	35 mm
seitlich	30 mm
hinten	25 mm
Leistungen:	
Steigfähigkeit	60 %
Klettert	1100 mm
Watet	1200/4000 mm
Überschreitet	2900 mm
Bewaffnung:	2 MG 1 (3000)
Verwendungszweck:	Prototyp für einen Standard-Bergepanzer

Bergepanzer 2, „Standard“

„807“

Herstellungsland: Deutschland
Hersteller:
Atlas-MAK Maschinenbau GmbH., Kiel

Baujahr: 1966-71
Informationsquelle:
TDv 2350/008-10, Teil 1 u. a.
444 Stück für deutsche Bundeswehr gebaut
Fahrgestell-Nr.-Bereich 9001-9999

Motor: Hersteller, Typ	MTU „MB 838 Ca-M 500“
Zyl.-Anzahl, Anordnung	10, VForm 90°
Bohrung	165 mm
Hub	175 mm
Hubraum	37 330 ccm
Verdichtungsverhältnis	19,5:1
Drehzahl normal/maximal	2200
Höchstleistung	830 PS
Leistungsgewicht	21 PS/t
Ventilanordnung	hängend
Kurbelwellenlager	6 Mehrstoff-
Einspritzpumpe, Anzahl	1 Typ Bosch PE 10 TWM
Zündfolge	1-9-4-8-3-7-2-10-5-6
Anlasser	Bosch AL/FTF 15/24 R 301
Lichtmaschine	Bosch LJ 343/3 B 10 *
Batterie, Anzahl	6, 12 Volt 100 Ah
Kraftstofförderung	Pumpe, Bosch HY 008 Fd
Kühlung	Wasser
Kupplung	hydraulischer Wandler
Getriebe	ZF „4 HP-250“ Hydromedia Wende-
Anzahl der Gänge	V 4, R 2
Treibende Räder	hinten
Triebachsenübersetzung	1:3,809 (Vorgelege)
Höchstgeschwindigkeit:	62 km/h/rückwärts 24 km/h
Fahrbereich	500 km
Art der Lenkung	Zweiradien-Überlagerungs-
Wendekreis ⌀	3,65 m
Federung	Drehstäbe, quer
Schmiersystem	Hochdruck
Bremsanlage Hersteller	A. Teves
Wirkungsweise	hydr. Servo

Bremsart	Scheiben
Fußbremse wirkt auf	Antrieb
Handbremse wirkt auf	Antrieb, mech.
Art der Räder	Lauf- und Stützrollen – Laufrollen ⌀ 650 mm – Stützrollen ⌀ 220 mm
Spurweite	2700 mm
Kettenauflage	4236 mm
Kettenbreite	550 mm
Bodenfreiheit	440 mm
Länge über alles	7445 mm
Breite über alles	3250 mm
Höhe über alles	2700 mm
Bodendruck	0,85 kp/cm²
zul. Gesamtgewicht	39 800 kp
Nutzlast	600 kp
Sitzplätze	4
Kraftstoffverbrauch	S = 165/G = 245 Ltr. 100 km
Ölverbrauch	2-3 g/PS/h
Kraftstoffvorrat	1550 Ltr. in 2 Behältern
Panzerung:	
Aufbau vorne	35 mm
seitlich	25-30 mm
hinten	25 mm
Leistungen:	
Steigfähigkeit	60 %
Klettert	1150 mm
Watet	2100/4000 mm
Überschreitet	2900 mm
Bewaffnung:	2 MG 1 (3000)
Verwendungszweck:	Standard-Panzerbergefahrzeug

* auch Siemens FR 7 / 1900-AV

Pionierpanzer „Standard“

Herstellungsland: Deutschland
Hersteller:
Atlas-MAK Maschinenbau GmbH., Kiel
Baujahr: 1968-71

Informationsquelle:
TDv 2350/008-10, Teil 1 u. a.
105 Stück für deutsche Bundeswehr gebaut
Fahrgestell-Nr.-Bereich: 10 001–10 999

Motor: Hersteller, Typ	MTU „MB 838 Ca-M 500“
Zyl.-Anzahl, Anordnung	10, V-Form 90°
Bohrung	165 mm
Hub	175 mm
Hubraum	37 330 ccm
Verdichtungsverhältnis	19,5:1
Drehzahl normal/maximal	2200
Höchstleistung	830 PS
Leistungsgewicht	20 PS/t
Ventilanordnung	hängend
Kurbelwellenlager	6 Mehrstoff-
Einspritzpumpe, Anzahl	1 Typ Bosch PE 10
Zündfolge	1-9-4-8-3-7-2-10-5-6
Anlasser	Bosch AL/FTF 15/24 R 301
Lichtmaschine	Bosch U 2 (RL) 9/15 (9 kW)
Batterie, Anzahl	6, 12 Volt 100 Ah
Kraftstoffförderung	Pumpen
Kühlung	Wasser
Kupplung	hydraulischer Wandler
Getriebe	ZF „4 HP-250“ Hydromedia Wende-
Anzahl der Gänge	V 4, R 4
Treibende Räder	hinten
Triebachsenübersetzung	1:3,809 (Vorgelege)
Höchstgeschwindigkeit:	62 km/h
Fahrbereich	800 km
Art der Lenkung	Zweiradien-Überlagerungs-
Wendekreis ⌀	10,2 m oder Stelle
Federung	Drehstäbe, quer
Schmiersystem	Hochdruck
Bremsanlage Hersteller	A. Teves
Wirkungsweise	hydr. Servo

Bremsart	Scheiben
Fußbremse wirkt auf	Antrieb
Handbremse wirkt auf	Antrieb, mech.
Art der Räder	Lauf- und Stützrollen – Laufrollen ⌀ 650 mm – Stützrollen ⌀ 220 mm
Spurweite	2700 mm
Kettenauflage	4236 mm
Kettenbreite	550 mm
Bodenfreiheit	440 mm
Länge über alles	7880 mm
Breite über alles	3250 mm
Höhe über alles	2700 mm
Bodendruck	0,87 kp/cm²
zul. Gesamtgewicht	40 800 kp
Nutzlast	600 kp
Sitzplätze	4
Kraftstoffverbrauch	245 Ltr. 100 km
Ölverbrauch	2-3 g/PS/h
Kraftstoffvorrat	1550 Ltr. in 2 Behältern
Panzerung:	
Aufbau vorne	35 mm
seitlich	25-30 mm
hinten	25 mm
Leistungen:	
Steigfähigkeit	60 %
Klettert	*1000 mm*
Watet	*2100/4000 mm*
Überschreitet	*2900 mm*
Bewaffnung:	2 MG 1 (3000)
Verwendungszweck:	Standard Pionierpanzerfahrzeug

Brückenlegepanzer „Biber“

„1906“

Herstellungsland: Deutschland
Hersteller:
Atlas-MAK Maschinenbau GmbH., Kiel
Entwicklung der Dr. Ing. h. c. F. Porsche KG., Stuttgart-Zuffenhausen

Baujahr: 1973-1975
Erste Prototypen 1968 vorgestellt
Informationsquelle: Verschiedene
Maße in ( ) beziehen sich auf:
Fahrzeug mit Vorbau durch Teleskop (Entwicklung wurde nicht weiter verfolgt).
Bemerkungen: 105 Fahrzeuge werden für die Bundeswehr gebaut

Motor: Hersteller, Typ	MTU „MB 838 Ca-M 500“
Zyl.-Anzahl, Anordnung	10, V-Form 90°
Bohrung	165 mm
Hub	175 mm
Hubraum	37 330 ccm
Verdichtungsverhältnis	19,5:1
Drehzahl normal/maximal	2200
Höchstleistung	830 PS
Leistungsgewicht	19,7 PS/t
Ventilanordnung	hängend
Kurbelwellenlager	6 Mehrstoff-
Einspritzpumpe, Anzahl	1 Typ Bosch PE 10
Zündfolge	1-9-4-8-3-7-2-10-5-6
Anlasser	Bosch AL/FTF 15/24 R 301
Lichtmaschine	Bosch U 2 (RL) 9/15 (9 kW)
Batterie, Anzahl	6, 12 Volt 100 Ah
Kraftstoffförderung	Pumpen
Kühlung	Wasser
Kupplung	hydraulischer Wandler
Getriebe	ZF „4 HP-250“ Hydromedia Wende-
Anzahl der Gänge	V 4, R 2
Treibende Räder	hinten
Triebachsenübersetzung	1:3,809 (Vorgelege)
Höchstgeschwindigkeit:	62 km/h
Fahrbereich	800 km
Art der Lenkung	Zweiradien-Überlagerungs-
Wendekreis ⌀	10,2 m
Federung	Drehstäbe, quer
Schmiersystem	Hochdruck
Bremsanlage Hersteller	A. Teves
Wirkungsweise	hydr. Servo
Bremsart	Scheiben
Fußbremse wirkt auf	Antrieb
Handbremse wirkt auf	Antrieb, mech.

Art der Räder	Lauf- und Stützrollen – Laufrollen ⌀ 650 mm – Stützrollen ⌀ 220 mm
Spurweite	2700 mm
Kettenauflage	4236 mm
Kettenbreite	550 mm
Bodenfreiheit	440 mm
Länge über alles	11 400 mm o. Brücke 10 200 mm (10 250 mm)
Breite über alles	4000 mm o. Brücke 3250 mm
Höhe über alles	3500 mm (3600 mm) o. Brücke 2560 mm (2600)
Bodendruck	0,96 kp/cm²
Fahrgestellgewicht	30 600 kp
zul. Gesamtgewicht	45 100 kp o. Brücke 35 000 kp
Nutzlast	Tragfähigkeit der Brücke MLC 50
Sitzplätze	2
Kraftstoffverbrauch	180 Ltr. 100 km
Ölverbrauch	2-3 g/PS/h
Kraftstoffvorrat	1010 Ltr. in 2 Behältern
Panzerung:	
Wanne vorne	70 mm/30°
seitlich	35 mm/40°
hinten	25 mm/12°
Leistungen:	
Steigfähigkeit	60 %
Klettert	1000 mm
Watet	1200/1700 mm
Überschreitet	3000 mm
Verwendungszweck:	Brückenlegepanzer Länge der Brücke 22 m, Breite 4 m. Brückengewicht ca. 9,8 t

Flak-Panzer 1 „Gepard“
„5 PFZ-B“
Porsche Typ „1833“

Herstellungsland: Deutschland
Hersteller:
Krauss-Maffei AG., München-Allach

Baujahr: 1974–1976
erste Prototypen „5 PFZ-A“ 1968
Informationsquelle: Verschiedene
Bemerkungen: 432 Stück werden für die Bundeswehr beschafft

Motor: Hersteller, Typ	MTU „MB 838 Ca-M 500“
Zyl.-Anzahl, Anordnung	10, V-Form 90°
Bohrung	165 mm
Hub	175 mm
Hubraum	37 330 ccm
Verdichtungsverhältnis	19,5:1
Drehzahl normal/maximal	2200
Höchstleistung	830 PS
Leistungsgewicht	18 PS/t
Ventilanordnung	hängend
Kurbelwellenlager	6 Mehrstoff-
Einspritzpumpe, Anzahl	1 Typ Bosch PE 10
Zündfolge	1-9-4-8-3-7-2-10-5-6
Anlasser	Bosch AL/FTF 15/24 R 301 Antrieb für Waffensystem durch 4 Zyl.-Dieselmotor 95 PS
Lichtmaschine	Bosch U 2 (RL) 9/15
Batterie, Anzahl	8, 12 Volt 100 Ah
Kraftstofförderung	Pumpen
Kühlung	Wasser
Kupplung	hydr. Wandler
Getriebe	ZF „4 HP-250“ Hydromedia
Anzahl der Gänge	V 4, R 2
Treibende Räder	hinten
Triebachsenübersetzung	1:3,809 (Vorgelege)
Höchstgeschwindigkeit:	65 km/h
Fahrbereich	550 km
Art der Lenkung	Zweiradien-Überlagerungs-
Wendekreis ⌀	10,2 m
Federung	Drehstäbe, quer
Schmiersystem	Hochdruck
Bremsanlage Hersteller	A. Teves
Wirkungsweise	hydr. Servo-
Bremsart	Scheiben
Fußbremse wirkt auf	Antrieb
Handbremse wirkt auf	Antrieb, mech.
Art der Räder	Lauf- und Stützrollen – Laufrollen ⌀ 650 mm – Stützrollen ⌀ 220 mm

Spurweite	2700 mm
Kettenauflage	4236 mm
Kettenbreite	550 mm
Bodenfreiheit	440 mm
Länge über alles	7280 mm
Breite über alles	3250 mm
Höhe über alles	3010 mm (Rundsuchradar abgeklappt)
Bodendruck	0,95 kp/cm²
Fahrgestellgewicht	30 600 kp (Turmgew. ca. 14 000 kp
zul. Gesamtgewicht	45 600 kp
Nutzlast	1300 kp, davon 1100 Munition
Sitzplätze	3
Kraftstoffverbrauch	180 Ltr. 100 km
Ölverbrauch	2-3 g/PS/h
Kraftstoffvorrat	1010 Ltr. in zwei Behältern
Panzerung:	
Wanne vorne	70 mm/30°
seitlich	35 mm
hinten	25 mm
Aufbau	SmK-sicher
Leistungen:	
Steigfähigkeit	60 %
Klettert	1115 mm
Watet	1200/4000 mm
Überschreitet	3000 mm
Bewaffnung:	2 x 35 mm MK (Oerlikon) (660 + 40)
Verwendungszweck:	Flugabwehrpanzer
Ähnlich:	Entwicklung der Fa. Rheinmetall (1965-1970). Entwicklung 1970 abgebrochen. Mobiles Allwetter-Tiefflieger-Abwehrsystem mit Doppler-Radar und 30-mm-Zwillingskanone

155 GCT/LEOPARD (Prototyp)

Panzerhaubitze
„GCT 155/Leopard“

Herstellungsland: Deutschland/Frankreich
Hersteller:
Krauss-Maffei AG. und GIAT
(Groupement Industriel des Armements Terrestres)

Baujahr: 1973
Informationsquelle: Werksunterlagen

Motor: Hersteller, Typ	MTU „MB 838 Ca-M 500“
Zyl.-Anzahl, Anordnung	10, VForm 90°
Bohrung	165 mm
Hub	175 mm
Hubraum	37 330 ccm
Verdichtungsverhältnis	19,5:1
Drehzahl normal/maximal	2200
Höchstleistung	830 PS
Leistungsgewicht	18,2 PS/t
Ventilanordnung	hängend
Kurbelwellenlager	6 Mehrstoff-
Einspritzpumpe, Anzahl	1 Typ Bosch PE 10 TWM
Zündfolge	1-9-4-8-3-7-2-10-5-6
Anlasser	Bosch AL/FTF 15/24 R 301
Lichtmaschine	Bosch LJ 343/3 B 10 *
Batterie, Anzahl	8, 12 Volt 100 Ah
Kraftstofförderung	Pumpe, Bosch HY 008 Fd
Kühlung	Wasser
Kupplung	hydr. Wandler
Getriebe	ZF „4 HP-250“ Hydromedia
Anzahl der Gänge	V 4, R 2
Treibende Räder	hinten
Triebachsenübersetzung	1:3,809 (Vorgelege)
Höchstgeschwindigkeit:	65 km/h
Fahrbereich	600 km
Art der Lenkung	Zweiradien-Überlagerungs-
Wendekreis ⌀	3,65 m

Als Hilfsmotor kommt ein MWM „D 208-2“ Zweizylinder Viertakt Diesel mit 20 PS bei n = 2300 zum Einbau.

Federung	Drehstäbe, quer
Schmiersystem	Hochdruck
Bremsanlage Hersteller	A. Teves
Wirkungsweise	hydr., Servo
Bremsart	Scheiben
Fußbremse wirkt auf	Antrieb
Handbremse wirkt auf	Antrieb, mech.
Art der Räder	Lauf- und Stützrollen – Laufrollen ⌀ 650 mm – Stützrollen ⌀ 220 mm

Spurweite	2700 mm
Kettenauflage	4236 mm
Kettenbreite	550 mm
Bodenfreiheit	440 mm
Länge über alles	– 10 600/9300 –/7090 mm
Breite über alles	3250 mm
Höhe über alles	3115 mm
Bodendruck	0,95 kp/cm²
Fahrgestellgewicht	28 600 kp
zul. Gesamtgewicht	45 500 kp Leergewicht 41 500 kp
Nutzlast	4000 kp, davon 2,5 t Munition
Sitzplätze	4
Kraftstoffverbrauch	S = 165/G = 245 Ltr. 100 km
Ölverbrauch	2-3 g/PS/h
Kraftstoffvorrat	985 Ltr.
Panzerung:	
Wanne vorne	35 mm
seitlich	30 mm
hinten	25 mm
Aufbau	SmK-sicher
Leistungen:	
Steigfähigkeit	60 %
Klettert	1150 mm
Watet	2250 mm
Überschreitet	2900 mm
Bewaffnung:	1 155-mm-Haubitze GCT L/40 (42 mit automatischem Lader) + 1 MG 7,62 mm (2000)
Verwendungszweck:	Panzerartillerie mit schneller Schußfolge, die ursprünglich für die französische Armee auf dem „AMX 30“-Fahrgestell entwickelt wurde. Bisher nur Prototypen auf „Leopard“

* teilweise auch Siemens FR 7 / 1900-IV

Kampfpanzer 70, Prototyp

„MBT 70"

Herstellungsland: Deutschland/USA
Hersteller:
Deutsche Entwicklungs GmbH., Augsburg

Baujahr: 1964-1967
Wurde am 9. 10. 1967 vorgestellt
Informationsquelle:
Verschiedene
Bemerkungen: 6 Prototypen gebaut (Deutschland)

Motor: Hersteller, Typ	MTU „MB 873 Ka"
Zyl.-Anzahl, Anordnung	10, V-Form 90°
Bohrung	165 mm
Hub	155 mm
Hubraum	39 800 ccm
Verdichtungsverhältnis	20,5:1
Drehzahl normal/maximal	2600
Höchstleistung	1500 PS
Leistungsgewicht	32,4 PS/t
Ventilanordnung	hängend
Kurbelwellenlager	7 Mehrstoff-
Einspritzpumpe, Anzahl	2 Typ Bosch PE 6
Zündfolge	1-8-5-10-3-7-6-11-2-9-4-12
Anlasser	Bosch 24 V
Lichtmaschine	Bosch Drehstrom 24 V
Batterie, Anzahl	8, 12 Volt 100 Ah
Kraftstofförderung	Pumpen
Kühlung	Wasser
Kupplung	hydr. Drehmomentwandler
Getriebe	Renk „HSWL 354" *
Anzahl der Gänge	V 4, R 2
Treibende Räder	hinten
Triebachsenübersetzung	1:5,33 (Vorgelege)
Höchstgeschwindigkeit:	70 km/h
Fahrbereich	650 km
Art der Lenkung	stufenlose, hydr. Überlagerungs-
Wendekreis Φ	14,0 m
Federung	hydropneumatisch, höhenverstellbar
Schmiersystem	Hochdruck
Bremsanlage Hersteller	A. Teves
Wirkungsweise	hydr., Servo-
Bremsart	Scheiben
Fußbremse wirkt auf	Antrieb
Handbremse wirkt auf	Antrieb
Art der Räder	Lauf- und Stützrollen
Spurweite	2870 mm

Kettenauflage	4650 mm
Kettenbreite	640 mm
Bodenfreiheit	normal 440 mm gesenkt 140 mm gehoben 740 mm
Länge über alles	6990/ – 9100 mm
Breite über alles	3510 mm
Höhe über alles	normal 2290 mm gesenkt 1990 mm gehoben 2590 mm
Bodendruck	0,78 kp/cm²
Fahrgestellgewicht	29 000 kp – Turmgewicht 17 000 kp
zul. Gesamtgewicht	46 000 bis 50 000 kp (je nach Ausstattung)
Nutzlast	2000 kp
Sitzplätze	3
Kraftstoffverbrauch	180 g/PS/h
Ölverbrauch	je nach Einsatz
Panzerung:	
Leistungen:	
Steigfähigkeit	60 %
Klettert	1100 mm
Watet	2250 mm
Überschreitet	2800 mm
Bewaffnung:	(US) = 152-mm-Mehrzweckwaffe / (D) = 120 mm BK + 1 20-mm-MK + 1 7,62-mm-MG 3
Verwendungszweck:	Prototyp eines Kampfpanzers, der sowohl für die US Army wie auch für die deutsche Bundeswehr verwendet werden sollte. Das Projekt wurde aus Kostengründen eingestellt.

* Übersetzungen 4,47:1 / 2,19:1 / 1,51:1 / 1:1

Kampfpanzer „Leopard 2" – Prototyp

Herstellungsland: Deutschland
Hersteller:
Krauss-Maffei AG., München-Allach

Baujahr: 1971-1974
Informationsquelle:
Soldat & Technik, Heft 3/74

Motor: Hersteller, Typ	MTU „MB 873 Ka-500"
Zyl.-Anzahl, Anordnung	12, V-Form 90°
Bohrung	165 mm
Hub	155 mm
Hubraum	39 800 ccm
Verdichtungsverhältnis	20,5:1
Drehzahl normal/maximal	2600
Höchstleistung	1500 PS (1103 kW)
Leistungsgewicht	30 PS/t
Ventilanordnung	hängend
Kurbelwellenlager	7 Mehrstoff-
Einspritzpumpe, Anzahl	1 Typ Bosch mit Füllungsregler
Zündfolge	1-8-5-10-3-7-6-11-2-9-4-12
Anlasser	Bosch TF 24 V/25 PS
Lichtmaschine	AEG Generator 28 V/20 kW
Batterie, Anzahl	6, 12 Volt 300 Ah
Kraftstofförderung	Füll- und Entnahmekreis
Kühlung	Wasser
Kupplung	hydrodynamischer Drehmomentwandler m. Überbrückungskupplung
Getriebe	Renk „HSWL 354/3"
Anzahl der Gänge	V 4, R 2
Treibende Räder	hinten
Triebachsenübersetzung	1:5,33 (Vorgelege)
Höchstgeschwindigkeit	68 km/h
Fahrbereich	400 km
Art der Lenkung	stufenlos, hydrostatisch/hydrodynamisch
Wendekreis ⌀	Hochachse
Federung	Drehstäbe, quer
Schmiersystem	Hochdruck

Bremsanlage Hersteller	A. Teves
Wirkungsweise	hydr.
Bremsart	Scheiben
Fußbremse wirkt auf	Betriebsbremse
Handbremse wirkt auf	Feststellbremse
Art der Räder	Lauf- und Stützrollen – Laufrollen ⌀ 700 mm
Spurweite	2785 mm
Kettenauflage	4720 mm – 80 Glieder pro Kette
Kettenbreite	635 mm Teilung 183,5 mm
Bodenfreiheit	vorne 540, hinten 490 mm
Länge über alles	9740 mm m. Kettenblende
Breite über alles	3540 mm m. Kettenblende
Höhe über alles	2480 mm (Turmdach)
Bodendruck	0,83 kp/cm²
Fahrgestellgewicht	35 300 kp
zul. Gesamtgewicht	50 500 kp
Nutzlast	2000 kp
Sitzplätze	4
Kraftstoffverbrauch	215 Ltr. 100 km
Ölverbrauch	4 Ltr. 100 km
Kraftstoffvorrat	1000 Ltr.
Leistungen:	
Steigfähigkeit	60 %
Klettert	1115 mm
Watet	2200/5500 mm
Überschreitet	3200 mm
Bewaffnung:	1 120-mm- bzw. 105-mm-BK m. glattem Rohr ( ) + 2 MG
Verwendungszweck:	Prototyp für Kampfpanzer

Literaturverzeichnis

1. Raimund Knecht, »Kampfpanzer Leopard«, München 1972.
2. Major Dipl-Ing. J. Köhl, »Pionierpanzer und Brückenpanzer der Leopard-Familie«, Jahrbuch der Wehrtechnik 1969, Darmstadt.
3. Dr. F. M. von Senger und Etterlin, Taschenbuch der Panzer 1969, München 1968.
4. Walter J. Spielberger, Die Entwicklung des mittleren Kampfpanzers »Leopard«, Zeitschrift »Truppendienst« 6/1967.
5. Brigadegeneral Dipl.-Ing. Dietrich Willikens, »Gedanken zur Panzerentwicklung«, Jahrbuch der Wehrtechnik 1966, Darmstadt.
6. TDv 2350/008-10, Teil 1, TDv 2350/008-20, Teil 2, TDv 2350/008-30, Teil 3.
7. »Der Dieselmotor Typ MB 838 Ca-M 500 im KPz Leopard«, »Das ZF Hydromedia Getriebe 4 HP-250 im KPz Leopard«, zusammengestellt von einem Autorenteam des ATV-Stabes der STTr .I Aachen, Zeitschrift »Technik und Versorgung«.
8. Mercedes-Benz, Betriebsanleitung und Beschreibung MB 833/837/838-TG 1386.
9. Heft 4/67 der Zeitschrift »Soldat und Technik« ist hauptsächlich dem Kampfpanzer »Leopard« gewidmet.
10. Brückenpanzer »Leopard«, Soldat und Technik 4/1971.
11. Bellona Military Vehicle Prints, Series 23, Walter J. Spielberger und Hilary Doyle.
12. Profile Publication AFV-Weapons, Nummer 18 und 19.
13. Zeitschriften und Periodica: »Soldat und Technik«, Frankfurt 1966–71, »Panzer«, »Kampftruppen«, Herford 1966–71, Internationale Wehr-Revue«, Genf 1966-71 »Truppendienst«, Wien 1966–71, »Military Review, Fort Leavenworth 1966–71, »Ordnance«, Washington 1966–71, »Armor«, Washington 1966–71.

Erläuterungen der gebräuchlichen Abkürzungen

A (2)	Infanterieabteilung des Kriegsministeriums
A (4)	Feldartillerieabteilung des Kriegsministeriums
A (5)	Fußartillerieabteilung des Kriegsministeriums
A 7 V	Verkehrsabteilung des Kriegsministeriums
AD (2)	Allgemeines Kriegsdepartment, Abteilung 2 (Infanterie)
AD (4)	Allgemeines Kriegsdepartment, Abteilung 4 (Feldartillerie)
AD (5)	Allgemeines Kriegsdepartment, Abteilung 5 (Fußartillerie)
AHA/Ag K	Allgemeines Heeresamt, Amtsgruppe Kraftfahrwesen
AK	Artillerie-Konstruktionsbureau
AKK	Armeekraftwagenkolonne
ALkW	Armee-Lastkraftwagen
ALZ	Armee-Lastzug
AOK	Armee-Oberkommando
APK	Artillerieprüfungskommission
ARW	Achtradwagen
A-Typen	mit Allradantrieb (Schell-Typ)
BAK	Ballon-Abwehr-Kanone
Bekraft	Betriebsstoffabteilung des Feldkraftfahrwesens
BMW	Bayerische Motoren Werke
Chefkraft	Chef des Feldkraftfahrwesens
(DB)	Daimler-Benz
DMG	Daimler-Motoren-Gesellschaft
Dtschr. Krprz.	Deutscher Kronprinz
E-Fahrgestell	Einheitsfahrgestell
E-Pkw	Einheits-Personenkraftwagen
E-Lkw	Einheits-Lastkraftwagen
FA	Feldartillerie
FAMO	Fahrzeug- und Motorenbau GmbH
FF-Kabel	Feldfernkabel
FH	Feldhaubitze
FK	Feldkanone
Flak	Flugabwehrkanone
F. T.	Funk/Telegraph
Fu	Funk

Fu Ger	Funkgerät
Fr Spr Ger	Funksprechgerät
g	geheim
Gen. St. d. H.	Generalstab des Heeres
Gengas	Generatorgas
G. I. d. MV.	Generalinspektion des Militärverkehrswesens
g. Kdos	geheime Kommandosache
gp	gepanzert
g. RS	geheime Reichssache
gl	geländegängig
GPK	Gewehrprüfungskommission
(H)	Heckmotoranordnung
Hanomag	Hannoversche Maschinenbau AG
Hk	Halbkette, Halbkettenfahrzeug
H. Techn. V. Bl.	Heerestechnisches Verordnungsblatt
HWA	Heereswaffenamt
I. D.	Infanteriedivision
I. G.	Infanteriegeschütz
In.	Inspektion
In. 6	Inspektion des Kraftfahrwesens
Ikraft	Inspektion des Feldkraftfahrwesens
Iluk	Inspektion des Luft- und Kraftfahrwesens
K	Kanone
KD	Krupp-Daimler
K. D.	Kavalleriedivision
KdF	Kraft durch Freude (NS-Organisation)
K. d. K.	Kommandeur der Kraftfahrtruppen
K. Flak	Kraftwagen-Flugabwehrkanone
Kfz.	Kraftfahrzeug
KM	Kriegsministerium
KP	Kraftprotze
(Kp)	Krupp
Kogenluft	Kommandierender General der Luftstreitkräfte
Krad	Kraftrad
Kr. Zgm.	Kraftzugmaschine
KS	Kraftspritze
Kw	Kraftwagen, auch Kampfwagen
l	leicht
L/	Kaliberlänge
le	leicht
le FH	leichte Feldhaubitze
le FK	leichte Feldkanone
l. F. H.	leichte Feldhaubitze
le. I. G.	leichtes Infanteriegeschütz
le. W. S.	leichter Wehrmachtsschlepper
LHB	Linke-Hoffman-Busch
l. I. G.	leichtes Infanteriegeschütz
Lkw	Lastkraftwagen
LWS	Land-Wasser-Schlepper
m	mittel, mittlerer
MAN	Maschinenfabrik Augsburg-Nürnberg AG
MG	Maschinengewehr
MP	Maschinenpistole
MTW	Mannschaftstransportwagen
n =	Umdrehungen pro Minute
n/A	neue Art/neue Ausführung
NAG	Nationale Automobilgesellschaft
(o)	handelsüblich
Ob. d. H.	Oberbefehlshaber des Heeres
O. H. L.	Oberste Heeresleitung
O. K. H.	Oberkommando des Heeres
O. K. W.	Oberkommando der Wehrmacht
Pak	Panzerabwehrkanone
P. D.	Panzerdivision
Pf	Pionierfahrzeug
Pkw	Personenkraftwagen
Pz. F.	Panzerfähre
Pz.Kpfwg.	Panzerkampfwagen
Pz. Spwg.	Panzerspähwagen
(R)	Raupen
R/R	Räder/Raupenantrieb
(RhB)	Rheinmetall-Borsig
RS	Raupenschlepper
RSG	Gebirgsraupenschlepper
RSO	Raupenschlepper Ost (Radschlepper Ost)
RV	Richtverbindung
s	schwer
schg.	schienengängig
schf.	schwimmfähig
Sd. Kfz.	Sonderkraftfahrzeug
Sfl.	Selbstfahrlafette
Sf	Selbstfahrlafette
S-Typen	mit Hinterradantrieb (Schell-Typ)
SmK	Spitzgeschoß mit Kern
SSW-Zug	Siemens-Schuckert-Werke-Zug
s. W. S.	schwerer Wehrmachtsschlepper
Tak	Tankabwehrkanone
Takraft	Technische Abteilung der Inspektion des Kraftfahrwesens
TF	Trägerfrequenz (funktechnisch)
Tp	Tropenausführung
Vakraft	Versuchsabteilung des Feldkraftfahrwesens (Erster Weltkrieg), Versuchsabteilung der Inspektion des Kraftfahrwesens (Reichswehr und Wehrmacht)
ve	voll entstört
v/max	Höchstgeschwindigkeit
V°	Mündungsgeschwindigkeit
VPK	Verkehrstechnische Prüfungskommission
Vs. Kfz.	Versuchsfahrzeug
ZF	Zahnradfabrik Friedrichshafen
ZRW	Zehnradwagen
WaPruef/WaPrw	Waffenprüfungsamt
Wumba	Waffen- und Munitionsbeschaffungsamt
wg	wassergängig

„Militärfahrzeuge" Band 2
Die Panzerkampfwagen
I und II und ihre Abarten

Während Infanterie-orientierte Planer den schwergepanzerten Durchbruchtank propagierten, standen auf der anderen Seite des Argumentes die Verfechter der schnellen, leichten Kavalleriepanzer. Deutschland konnte aufgrund des durch den Versailler Vertrag verursachten Vakuums die Entwicklung anderer Staaten eingehend beobachten und daraus seine eigenen Folgerungen ziehen.
Unsere Veröffentlichung versucht zum ersten Male die technisch-taktische Entwicklung dieser Jahre zusammenzufügen und erlaubt dadurch einen leider immer noch nicht vollständigen Einblick in die Aufbaujahre der deutschen Panzerwaffe. Unter Ausnutzung aller vorhandenen Unterlagen wird der Übergang von der „schwarzen" Reichswehrzeit in die Periode der deutschen Wiederbewaffnung erläutert, die das Übungsgerät für die neue Panzerwaffe schuf.

„Militärfahrzeuge" Band 3
Der Panzerkampfwagen III
und seine Abarten

Guderians Konzept einer reinen Angriffswaffe fand seinen Niederschlag in einer sachlichen Aufteilung aller anfallenden Aufgaben innerhalb einer Panzerbesatzung. Die hierbei gefundene Lösung blieb richtungsweisend bis in die heutigen Tage, selbst wenn nunmehr technologische Fortschritte gewisse Aufgaben hinfällig werden lassen. Die von ihm mit Nachdruck geforderte Ausrüstung der Kampfwagen mit nachrichtentechnischen Mitteln verschaffte der deutschen Panzertruppe auch dann noch einen taktischen Vorsprung, als modernere und den Umständen besser angepaßte Kampfwagen der Gegner auftraten. Unser Buch führt dem Leser die technisch-taktische Entwicklung vor Augen, die ein Kampffahrzeug schuf, welches richtungsweisend für den gesamten internationalen Panzerbau wurde. Der „Panzerkampfwagen III" war von Anfang an als Standardfahrzeug der deutschen Panzertruppe ausgelegt worden und bewährte sich auch im Rahmen der ihm gegebenen Möglichkeiten.

„Militärfahrzeuge" Band 4
Die gepanzerten Radfahrzeuge
des deutschen Heeres 1905-1945

Die Heeresmotorisierung wurde ein Spiegelbild der technischen Entwicklung des Kraftwagens, und sie befruchtete in vielen Fällen die Weiterentwicklung in Gebieten, wo fehlende Mittel und Unvermögen der Industrie als Hemmschuh wirkten.
Das vorliegende Buch vermittelt einen weiteren Einblick in die Entwicklung des Kraftwagens. Daß diese Fahrzeuge im vorliegenden Falle gepanzert und in vielen Fällen bewaffnet waren, spielt eigentlich eine nur nebensächliche Rolle. Es war jedoch der Heeresmotorisierung vorbehalten, hier Grenzen aufzuzeigen, die von den Konstrukteuren nur unter Anspannung aller verfügbaren Kenntnisse gemeistert werden konnten. Die dem Zivilverbraucher zur Verfügung stehenden Produkte profitierten letztlich von diesen Erkenntnissen. Die Leistungen der Industrie auf diesem Gebiet sollen in diesem Band dokumentiert werden.

„Militärfahrzeuge" Band 5
Der Panzerkampfwagen IV
und seine Abarten

Dieser Band der Buchreihe „Militärfahrzeuge" stellt den Versuch dar, die technische Entwicklung des wichtigsten Kampfpanzers der ehemaligen Deutschen Wehrmacht aufzuzeigen. Ursprünglich nur als Unterstützungsfahrzeug konzipiert, bildete der Panzer IV jedoch während der Kriegsjahre durch zeitgemäße Umrüstung das Rückgrat der deutschen Panzerwaffe.
Wie wenig man bei seinem Grundkonzept an eine Verwendung des Fahrzeuges im osteuropäischen Raum gedacht hatte, erwies sich nach den Ereignissen des Juni 1941 sehr eindeutig. Da dieses Fahrzeug über die gesamte Kriegszeit hinweg eines der wenigen wirklich in Großserie hergestellten Kampffahrzeuge des deutschen Heeres war, ergab sich seine Verwendung auch für eine fast unüberschaubare Reihe von Sonderzwecken. Diese in Einzelheiten festzuhalten, war mit unsere Aufgabe.

„Militärfahrzeuge" Band 6
Die Halbkettenfahrzeuge
des deutschen Heeres 1909-1945

Der vorliegende Band der Buchreihe „Militärfahrzeuge" gibt die im Moment vollständige Zusammenstellung militärischer Halbkettenfahrzeuge. Technisch aufwendig konstruiert, bedeuteten sie trotz Erfüllung ihrer Aufgaben während der Kriegsjahre nur eine Belastung der Produktion und der Versorgung. Die Versuche, einfachere Zugfahrzeuge zu schaffen, blieben bis auf wenige Ausnahmen im Anfangsstadium stecken. Auch war wiederum schon zu Beginn der Entwicklung eine Typenvielzahl angestrebt worden, die im Ernstfall nur zu Schwierigkeiten führen konnte. Trotzdem verwendete keine andere Armee Halbkettenfahrzeuge in einer Vielfalt wie die deutsche. Diese Entwicklung zu dokumentieren war mit unsere Aufgabe.

Weitere Bücher zu diesem Thema die Sie interessieren!

Milsom

DIE RUSSISCHEN PANZER – DIE GESCHICHTE DER SOWJETISCHEN PANZERWAFFE 1900 BIS HEUTE

256 Seiten, 370 Abb., Großformat, Leinen, DM 48.–

Dies ist die vollständige Geschichte der technischen und taktischen Entstehung der sowjetischen Panzerwaffe. Dieses Buch beschreibt die Planung, Entwicklung, die typischen Merkmale und den Fronteinsatz aller berühmten russischen Kampfwagen bis zur Gegenwart. Die russischen Panzer stellen heute die mächtigste nicht-atomare Offensivwaffe der Welt dar. Ihre Schlagkraft geht auf die frühe Verwendung militärischer Panzerfahrzeuge zurück. Dieses Buch dringt bis ins Detail, angefangen von den ersten Fahrzeugen, über den Zweiten Weltkrieg bis heute.

Nehring

DIE GESCHICHTE DER DEUTSCHEN PANZERWAFFE 1916–1945
Die Erinnerungen des Theoretikers der Panzerstrategie und des letzten Oberbefehlshabers der 1. Panzerarmee im 2. Weltkrieg

400 Seiten, 10 Karten, Leinen, DM 32.–

Die Generale Guderian und Nehring hatten die revolutionierende Idee entwickelt, daß die Panzerwaffe nicht nur eine taktische, sondern vor allem operativ einsatzfähige und damit entscheidende neue Waffe darstellen sollte. Dieses Buch umfaßt die Zeit des Ersten Weltkrieges, die Zwischenkriegszeit und die Zeit des Zweiten Weltkrieges, dessen Entfesselung vorzeitig den langfristig konzipierten Aufbau der Panzertruppe stoppte. Es war Guderians und Nehrings Leistung, daß die Panzertruppen trotzdem große Anfangserfolge erzielten.

Oswald

KRAFTFAHRZEUGE UND PANZER DER REICHSWEHR, WEHRMACHT UND BUNDESWEHR – Katalog aller Typen und Modelle

456 Seiten, 850 Abbildungen, Leinen, DM 48.–

Alle jemals vorhandenen Militärfahrzeuge der Reichswehr, der Wehrmacht und der Bundeswehr – das umfassende Standardwerk mit allen Daten und Fakten – exakt in den textlichen Darstellungen und reichhaltig illustriert. Dieses Werk stellt eine umfassende Übersicht dar, welche die Entwicklungen und Zusammenhänge der vielfältigen Modellreihen offenlegt. Das umfangreiche Text- und Bildmaterial wird ergänzt durch zahlreiche statistische Angaben und Produktionsdaten, die in dieser Form den jeweiligen Komplex deutlich überschaubar machen.

Davis

UNIFORMEN UND ABZEICHEN DES DEUTSCHEN HEERES 1933–1945

240 Seiten, 375 Abbildungen, Leinen, DM 44,–

In diesem Buch werden die Uniformen und Abzeichen des deutschen Heeres von 1933 bis 1945 wiedergegeben. Und zwar bis ins kleinste Detail. Das Werk gliedert sich in drei Hauptteile: Dienstgrade und Dienstgradabzeichen – Dienstabzeichen und besondere Abzeichen – Uniformen, Waffenröcke, militärische Bekleidung, Kopfbedeckungen und Fußbekleidung. Dieses Buch will als dokumentarischer Beitrag zur Uniformenkunde verstanden werden. Es ist eine fundierte Arbeit, die auf authentischen Unterlagen basiert und für sich in Anspruch nehmen darf, die deutschen Heeresuniformen am tiefgründigsten zu präsentieren.

Motor buch Verlag

MOTORBUCH VERLAG · STUTTGART 1 · POSTFACH 1370